FLORÁNGEL QUINTANA

ESCRÍBETE EN CASO DE CRISIS

Y EN TODOS LOS CASOS

www.florangelquintana.com

Autor: **Florángel Quintana**
Diseño y maquetación: **Ysmerio Rodriguez**
Editorial: **BrandedLives.com**
ISBN: **978-1-962388-23-8**

Ni fuego ni destrucción ni basura.

Estas páginas son para atesorar
tus palabras escritas.

Están pensadas para que atestigües a esa que eres tú en cada instante que leas y escribas, sí, te escribas en este libro utilitario.

Estas páginas fueron creadas para que sean tu refugio y tu guarida cuando busques expresar aquello que no puedes gritar, las lágrimas que no puedes evitar o ese insulto que se quedó atrapado en tu garganta.

Las pensé para que puedas hablarte, para que comiences ese diálogo amoroso contigo. Asimismo, para que leas textos que potencien tu ánimo, inspiren tu sensibilidad y dibujen sonrisas mientras los comprendes.

Estas páginas son para que las llenes de ideas catárticas, de miradas inspiradas; de suspiros, *stickers* y colores llamativos.

Este libro se puede rayar; en él se pueden resaltar ideas resonadoras, incluso podría resistir las manchas de tu taza de café mientras mantienes una página abierta.

También aguanta tu letra alterada, tu grafía firme cuando escribas desde el enojo.

He realizado este libro-libreta pensando en que te escribas a diario y de manera regular para profundizar en la mirada que te haces a ti misma durante un periodo determinado de tu vida. Aquí quedará registrado una forma de mirarte a ti misma.

Este libro aguanta, ya sabes lo que se dice del papel. Lo que persigo es que tú no lo hagas con tus emociones. Quiero que sientas mucho y acto seguido vengas aquí, leas y te escribas. Este es mi libro inspirador para que sea tu cuaderno de escritura.

Estas páginas son para evidenciarte a ti misma en ese camino que vienes recorriendo hacia tu encuentro, es para que te escribas, en esto insistiré, para que dialogues contigo y tus procesos de transformación. Es para que, sobre todo, te leas para constatar cómo has vivido tu vida, y cuánta transformación se ha dado.

En este libro hay un compendio de ideas que te van a llevar a escribirte. Podrás decirte lo que quieras y tus palabras se quedarán allí para atestiguarle a tu yo del futuro, cuando te releas, que eso que escribiste era como te sentías en esa fecha y a esa hora. Tal vez te sonreirás, quizá hasta puedas reírte de esas palabras intensas. Quizás te dé melancolía ver esa letra irregular y nerviosa que reconocerás al instante. O puedas comprobar cuánto has crecido y certifiques que sí, todo pasa, que es verdad porque tu yo presente sabe que las tormentas cesan y las historias personales son un guion en constante cambio.

Este libro será tu diario y tu cuaderno de actividades motivadoras. Será un detonante para la comprensión de tu *flow* único, ese que se despliega cuando nadie te ve y donde fluyes con tu ingenio, tus saberes y tu pericia, sin temor a las horas que pasan, dedicada solo a hacer lo que más amas.

Será un documento que legitime lo talentosa que eres, a pesar de las malas palabras que a veces te sueltas cuando no estás sintonizada contigo. Escribirás sobre las citas que salieron bien en contraposición a los encuentros que fueron un fiasco.

Este libro-guía-diario-libreta será la dupla ganadora junto a tu móvil para pasar los días, interactuar y vivir en realidad y en digital. Puedes abrirlo donde quieras, puedes comenzar en la página que se le apetezca a tu voz interior, ansiosa de que la escuches con más atención. No es para leerlo una página tras otra, en secuencia casi obligatoria, aunque podrías hacerlo si te apetece. Yo lo creé para que jugarás con tu intuición y encontraras el mensaje que requiere tu alma en un momento dado. Al abrir una página al azar verás textos breves, muchas preguntas poderosas y textos largos para leerlos con mayor calma.

El manual de instrucciones de este libro lo construirás tú. Yo solo te sugiero que te dejes guiar por tus corazonadas alineadas con las mías que seguirán reverberando en este libro más allá de mi despedida de este plano. Es un libro para que te habites en él.

Podrás guiarte por esta división que le aporta al libro otros simbolismos interesantes:

Fuego: para que tomes acción, te llenes de coraje y busques dejar huella en tu círculo, en tu comunidad incluso en tu país.

Agua: donde busco que fluyas, sueltes y vayas a tus memorias emocionales como si fueras un río con mucho caudal.

Tierra: para que busques anclaje en la naturaleza y desde tu cuerpo, puedas revisar tus hábitos y prestar atención a tu cuidado propio.

Aire: porque quisiera que ampliaras tu pensamiento, inspiración, claridad mental, con otras maneras de ver a los otros respecto de ti.

En este libro te escribirás: Tú, la que cumple un oficio o la profesional; la de etiquetas, filtros y avatar simpático; la de roles diversos. Tú la que te autopercibes desde Venus, con influjo de Marte o bajo la mirada de una entidad levitando en tonos violáceos. Tú la que cree en muchas cosas que no ve y quiere creer en lo bueno que te mereces. O también para ti si eres de las que no cree en nada más allá de lo que sus sentidos perciben y su mente racionaliza.

Aquí tienes ahora estas páginas para apropiártelas y contar tu historia, tus momentos; los instantes de crisis, la escucha atenta al tictac del reloj biológico que pesa (o no). Aquí renegarás del mundo y de lo mundano; criticarás al amor, a la deslealtad y apreciarás la verdad como sea que se vista. Escribirás textos llenos de poesía, confesiones o pareceres, y te elevarás el pensamiento mientras coloreas mandalas. Iniciarás chismes de ti contigo y narrarás situaciones tétricas en páginas impares para luego dar vuelta a las próximas hojas y asentar los aprendizajes obtenidos.

Este libro-libreta va a ser el instrumento para medir tus experiencias vitales. Será el que lleve tu biorritmo esencial, reciba buenas noticias y otras tal vez no tanto. Tu confidente, tu testigo, eso será este libro a partir de hoy, para asentar tu vida desde el ahora que decidas anotar. Cada día o no, pero sí cada vez que necesites decirte algo y recibir a cambio una frase, un pensamiento, una idea que te cambie ese minuto de lectura, y ojalá ese humor ingrato en tu jornada.

Quiero que te escribas porque hace bien. Quiero que leas porque reconforta.

Estas palabras mías las hago a la 1:02 de una tarde de clima impreciso, está encapotado el cielo, parece que va a llover. Estamos en otoño[1] en el hemisferio norte y quiero tomarme un chocolate aunque sea la hora del almuerzo.

Gracias por estos minutos que llevas leyendo.

---

1   Ashburn, Virginia, EE. UU. en la luna llena de cosecha, 2023

Gracias por el tiempo que te regalarás a ti usando este texto que ahora es tuyo. Pienso en eso y me pongo feliz.

Que estés bien, y pues escríbete en momentos de crisis y en todos los casos.

Con cariño,

Florángel

Comenzar desde el principio
y el principio es ahora con

En este instante, hoy

miro la hora del reloj:

y me digo que voy

Me siento en este momento preciso como una

FUEGO

"El deseo es lo que sostiene al sujeto,
lo que le da su ser. El deseo es la
interpretación del ser". Jacques Lacan

Vas con el impulso y te conectas con tu pasión.
Decides, tienes osadía y poco te importa
si hay transgresión en eso que piensas,
en aquello que se te antoja expresar.
Sé libre, mantente en libertad.

Tú, mi inspiración

Estas líneas las escribo pensando en ti.

Está lloviznando muy leve, el cielo está muy gris y pienso en lo que estarás sintiendo en este preciso instante. ¿Cómo estás? ¿Cómo va tu vida? ¿Cuántas preocupaciones tienes solapadas como una aplicación en segundo plano? ¿Cómo están funcionando tus relaciones más íntimas? ¿Cómo te llevas con el mundo y tus circunstancias?

Hoy pienso en ti y en las palabras que no dices a nadie. En los síntomas que ocultas, en las mentiras piadosas que das como respuestas.

Hoy pienso en cómo poder ayudarte, yo en la distancia, en mi desconocimiento de ti. Y por eso te escribo estas palabras mías para que lleguen a tus palabras silenciadas y tengas ganas, de repente, de decirte a ti misma una porción de lo que te pasa en este instante.

Te mando un abrazo desde mi teclado que suena sin parar, así como la lluvia que empieza a arreciar con belleza. Feliz escritura personal.

Cambia tu manera de sentir

Imagina lo mejor. Siente que lo mejor está ya en tu vida. Predice que solo lo mejor te ocurrirá.

Hoy pregúntate ¿cuál es el propósito de tu vida? ¿Qué viniste a dar en este mundo?

Respóndete aquí, en este instante:

Y con esa energía que te inunda, ponle color al mandala.

Conocerse Comprenderse Superarse

Estas palabras las expresó el doctor Mario Alonso Puig en un *podcast* y resonaron muy fuerte en mí.

Cada uno de nosotros está en su búsqueda particular.

Vemos nuestras sombras destacadas a pesar de nuestra luz. Le damos más importancia a lo que nos falta o nos minimiza, respecto de lo que nos hace únicos.

Cada uno apuesta al mejor postor: el ego o la intuición; la vocación o la obligación.

Tomamos nuestro destino con los ojos cerrados o lo avistamos de frente y vamos a la carga, en vanguardia.

En la ruta del autodescubrimiento, en ese viaje hacia nuestro interior muchas veces podemos sentirnos cómodos y seguimos de largo, desviándonos de los dolores íntimos que tendríamos qué enfrentar si el miedo a sabernos débiles no fuera tan fuerte.

Comprender lo que somos en la medida justa, real y auténtica debería ser nuestra meta, sin duda.

Ir avanzando tras caída y traspiés, más allá de tristezas, superándonos entre nuestras dudas existenciales, así ir por la vida con la sonrisa a medias y los raspones sangrantes, pero avanzando, indetenibles siempre.

Entiendo que solo al conocerme en profundidad, comprenderme en mi verdad y superarme ante mis circunstancias puedo hacer de mí esa que merezco ser.

Por eso agradezco toparme con palabras sabias y gente valiosa que anda en sus búsquedas ayudando a los demás. En esa atmósfera siempre quiero estar respirando y por ello, esto te lo escribo a ti hoy, justo en este momento cuando has abierto el libro y caes en cuenta que esta página te escogió.

Conéctate contigo

Vive en un estado de completo agradecimiento.

Usa tus talentos, dones y gracias, todo eso bueno que te dio la vida.

Cultiva tu ser. Aprende y enseña, pues así aprendes más.

Traza tu propia vida como un cuadro que estás a tiempo de mejorar.

No te rindas por el hastío que deja lo que no se logra en los primeros tres intentos. Vuelve por cinco, una docena, una centena de veces para afianzar tu perseverancia, esa palabra que debería acompañarte mientras vas dibujando y desdibujando el mapa de tu vida.

Sé tenaz, perseverante

Intenta cada día ser mejor sin cansarte porque no salgan las cosas tal cual como las planificaste.

Decreta que eres lo que quieres ser.
Contacta a tu yo amoroso y conversa contigo desde el perdón, la conmiseración y el aprecio por ser la que eres hoy.

Asegúrate de estar bien contigo. Sé amable cuando hables de ti con otros. No te adjudiques faltas, no te agravies con malas palabras, no te condenes por errores cometidos, no revivas tu pasado infeliz.

Ámate como eres hoy y que todos sepan que te respetas a ti misma.

Rebélate ante esa criticona que insiste en permanecer diciéndote ideas sobre ti misma que no ayudan a tu autovaloración.

Haz algo bueno con tu cuerpo, por tu salud, para tu bienestar.

Haz algo bueno con tu mente, para incrementar tus inteligencias, para reconocerte más sabia que ayer.

Eres fértil en buenos pensamientos, cultívalos siempre y cosecha elogios tuyos primero. Dite frases bonitas, y por último: celébrate.

Si tuvieses las herramientas para cambiar al mundo, ¿por dónde empezarías?

Tu coraje

Todas las situaciones que vives hablan del coraje que tienes para enfrentarte a la vida. Cuando triunfas demuestras confianza en ti. Cuando fallas demuestras que tienes perseverancia y vas por más para lograr tus objetivos.

La celebración de tu vida debe ser constante, en altas y bajas; con risas abundantes que te saquen lágrimas y con lágrimas tenaces que te muevan la determinación.

No hay sinrazones que no sean detonantes para escribir. No existen justificaciones que no estén llenas de aprendizajes poco solemnes dignos de al menos un par de párrafos.

Escribir en caso de crisis es un llamado de salvación que te haces a ti misma sin tener claro que necesitas ser rescatada. Si te escuchas más adentro de los sollozos o más arriba de las carcajadas, allí está tu voz íntima que te habla con dulzura.

Y sí, todas las situaciones pueden llevarte al papel y hacerte bien, muy bien.

La escritura es una herramienta de transformación solo para personas sensitivas, lo creas o no

Si te das cuenta de lo que pasa en la relación que tienes contigo, con tu cuerpo, dentro de tu mente alborotada, con tus emociones que se involucran lo decidas o no, allí te pones a escribir.

Cuando todo sucede de golpe o por goteo pausado e insufrible también es el momento, en presencia activa para ponerte a escribir.

De forma manuscrita o si lo prefieres en el teclado conectado a tu procesador de palabras. Deja allí que tus dedos fluyan, que tus ideas broten desde esa sensibilidad que parece imparable y que solo busca expresarse sin ser contenida.

Rebélate ante el desgano y la apatía. Resuelve aquello que te tiene dando vueltas. Velo desde otra perspectiva y apunta todo lo que puedas. Llenarás páginas y páginas íntimas, en un monólogo interior repleto de flujo consciente que va a sanarte, así sea un poquito, esos viejos dolores tuyos, un paso a la vez.

Ahora reflexiona si hay algo que te impide ponerte a escribir, a escribirte a ti misma.

Hoy

Te hago una invitación que comienza con una advertencia: puede resultar incómoda.

El ejercicio que te propongo es escribir sobre tus miedos, esos que están ahí, agazapados, esperando el momento para saltar, como ese susto que te devuelve, sin aviso, a los cinco años: la niña que huye despavorida de un perro que ve gigante y cree que va a devorarla entera.

Con este estímulo creativo quiero que viajes hacia atrás en el tiempo, hasta ese miedo primigenio. ¿Cuántos años tenías la primera vez que sentiste verdadero miedo? ¿Qué sucedió? ¿Con quién estabas? Revive ese instante y registra los detalles: cómo estabas vestida, qué hora del día era, qué imagen o sonido se te ha quedado grabado. Escribe lo que surja, sin censurarte, en desorden, atropellado, como venga.

Y aquí lo importante: Lleva ese recuerdo al cuerpo. ¿Qué sentiste físicamente? ¿Dónde lo sentiste? ¿Se te paralizó alguna parte? ¿Temblaste? ¿Te hiciste pipí o algo peor? Los miedos en tu memoria sensorial están codificados con texturas, olores, densidades. Pueden ser espesos, ácidos, ásperos o resbaladizos. Tú ve allá, mira de cerca. Escribe como quien observa un microcosmos emocional con una lupa de aumento.

Al escribir sobre nuestros miedos, descubrimos que cada uno habita una zona del cuerpo. A veces el miedo se instala en la base del cuello o en la espalda baja o en las rodillas o en los tobillos. Hoy, si te animas, si puedes, enciende una linterna y dirige el haz de luz hacia esos rincones de tu memoria. Obsérvate desde afuera. Sé testigo de esa escena y describe lo que ves. Dale voz a esa parte miedosa que tal vez nunca se atrevió a hablar. Permite que aparezca con su cara más pálida, sus sollozos contenidos o sus quejas musitadas.

Quizás, y solo quizás, al mirar de nuevo ese recuerdo, lo que te dé no sea lástima sino ternura. Ese susto ya pasó, y te hizo fuerte, te volvió salvaje, te llenó de furia y de arrojo.↓

Quién sabe... A veces mirar los miedos con la compasiva mirada adulta es el primer paso para superarlos con creces. Por eso escríbete en extenso y con profundidad desde tus miedos. Hoy estás a salvo.

¿Te animas a mirar de frente eso que aún puede ser que te asuste?

Roer las palabras propias hasta llegar al tuétano del sentir

Escarbar en la emoción que a dentelladas aparece.

Ver el sentido de esa experiencia perturbadora y rasgar el último resquicio de miedo.

Desde ese espacio escribir porque se escribe desde adentro dando una mirada nueva a lo que sentimos. Es apartarse del protagonismo con su cara de víctima y tomar distancia para ver mejor cómo venimos siendo ante la luz autocrítica.

Significa atestiguar lo que hemos sido sin pudor, sin autoagravio. Con valentía y un poco de autoperdón, lo justo para sentir renovada la autoestima.

Te digo, debemos curarnos cada día como si las heridas fueran renovables. A esa costra del corazón solo hay que airearla con regularidad.

¿Y a ti a qué te saben las palabras que te dices?

Cuando escribimos salimos del conflicto

Nos enfrentamos a las contrariedades y nos despojamos de dudosas insatisfacciones.

Por eso escribir es una oportunidad para poner destellos de mayor claridad en nuestra mente.

Mantén la perspectiva de que puedes estar donde quieres verte.

Piensa en logros y trabaja para verlos llegar a tu vida.

La palabra triunfo no tiene dueño. Aprópiatela.

Solo por hoy

Escribe sobre:

⬧ Lo que te obsesiona, así sea comer dulces antes de almorzar.

⬧ Lo que te hace dudar, sea tu fe, tu ideología, tu sentido de lealtad.

⬧ Lo que te sacude por dentro, una pasión amorosa prohibida, un odio visceral por alguien conocido o una noticia política.

Busca escribir con verdad, esa tuya, única y real.

¿Te consideras una persona feliz?

◇ ¿Te consideras una persona digna de ser amada?

◇ ¿Crees que estás en esta vida por una razón muy importante?

◇ ¿Crees que viniste al mundo a dejar una huella impactante y honorable?

Dale respuesta a estas preguntas en una libreta nueva. Léelas después, y acto seguido date un abrazo y piensa que eres la persona más importante que puedes llegar a conocer.

Experimenta la felicidad de tener una vida con sentido y usa la escritura para reforzar quien eres.

Ámate más, tú lo vales.

En los momentos de crisis todo se da vuelta

Nada se comprende; te paralizas y solo circulas entre tus miedos y los diversos tonos de la incertidumbre. Tal vez te pones muy débil, sientes que te minimizas como un líquido espeso que entra por un desagüe. Sientes desmayarte y quieres ser invisible, intocable, inexistente. En la crisis no quieres sentir y es la oportunidad más implacable para ser toda emoción.

Todo te altera, te hace llorar. Muchas palabras ni las escuchas porque estás agobiada de tanta palabrería. Anhelas el silencio, ese de una iglesia a las dos de la tarde o del cementerio en una mañana soleada.

Vivir la crisis es un acto de justicia contigo misma. Te responsabilizas, te ocupas de ti y de quienes te necesitan porque son más débiles que tú, tú la que da muestras de cordura, aplomo y brío.

Si estás entrando en una crisis ve con lentitud sumando datos, información y pruebas que te hagan ver con claridad el panorama del momento presente. No te vayas al mañana, no sumes más angustia a tu cubeta de ansiedades.

Busca respirar con conciencia. Lee algo que te calme. Acude a un profesional que pueda ayudarte en el tópico crítico que te desbalancea la vida. Haz más ejercicios de respiración, escribe tu lista de miedos y quémala sintiendo paz. Quizá tengas que hacer una meditación o recitar una oración antigua de esas que rezaba tu abuelita o alguien que ocupa tu amoroso recuerdo.

Haz lo que te provoque. Las crisis son para transitarlas con las manos vacías, los pies descalzos y la mirada clara porque esos nubarrones también pasarán.

¿Cuál es el objetivo que persigues hoy?

Esta pregunta a los veinte puede resultar en un bostezo, pero pasados los cuarenta quizá se torne en una recurrencia. Y así empezamos a hacernos preguntas poderosas, pero incómodas.

¿He hecho lo que siempre deseé en mi juventud? ¿Cuánto he logrado de mis aspiraciones personales?

No a muchas mujeres les perturba saber si tienen o no un propósito en la vida. Tal vez con los años a algunas puede parecerles que el tren de los sueños se les pasó, mientras a otras, las interrogantes se les hacen pocas.

¿Te preguntas qué es lo que quieres obtener en los próximos seis meses? ¿Te cuestionas sobre lo que te motiva, lo que te reta, lo que deseas lograr antes de morir?

Siempre hay tiempo disponible para buscar las respuestas a las preguntas que no sabemos que debemos hacernos. Ojalá desees empezar hoy.

A veces me pasa que hay palabras que me golpean el estómago

Hacen que dé vuelta mi paz interior y me causan una incomodidad por horas.

Son frases dichas en una discusión o textos del abogado, el contador o una institución importante. Son textos que preocupan, inquietan, entorpecen la amabilidad de un día que despuntaba bien.

Cuando me doy cuenta de lo que me pasa, respiro. Me detengo por unos instantes y solo pienso en calmarme por dentro.

Cierro los ojos, pongo mi mano derecha en el centro de mi pecho y la izquierda sobre mi ombligo.

Respiro con pausa, a mi ritmo. Sin tiempo, sin nada de qué ocuparme alrededor.

Exhalo y escucho mi aliento grave. Me imagino que en cada exhalación sale un poco de eso incómodo que me habita momentáneamente.

Esto lo hago varias veces hasta que siento una liviandad con olor a hierba fresca. Después escribo.

Así me termino de sacar todas las molestias, las expulso en el papel y luego llega la paz de vuelta, esa tibieza dentro que te hace sonreír un poco.

Y no, no quemo esas palabras después. Solo las dejo allí porque sé que al cerrar mi libreta se hará la magia de reconversión y cuando vuelva a esos textos, semanas, meses, años después tendrán otra mirada de mi versión mejorada llena de aprendizajes.

Lo importante es hacerte cargo

De esa adicción, del victimismo, de la flaqueza que te derriba en la cama.

De las frustraciones, los actos corruptos y la mala saña constante que pudieran estar por allí rondándote.

Hay que volver la cara a lo que se ha hecho mal y pegar el rostro al dolor ajeno causado como si fuera una plancha caliente, y soportar el dolor y la marca en el ánimo porque no se ha hecho el bien.

Hazte cargo de tu llanto, tu rabia reprimida, tus groserías y tu descaro.

Ah, que esto no va contigo, que eres perfecta, que nunca has hecho mal, que jamás has caído en una palabra acusatoria, que nunca has pensado en la venganza y el ojo por ojo. Está bien, de lo bonito de ti entonces escribe. De lo feo alguien estará ya por la segunda línea.

(Extracto de una idea que decía en el papel: Abajo las mentiras que nos decimos para convencernos de que somos unas santas).

El camino frente a ti puede resultar impreciso

Tus pasos pueden ser tambaleantes, sin embargo sigues.

No importa el tipo de calzado ni la clase de terreno que te toque pisar, tú decides continuar adelante.

No hay algo que te impida seguir tu marcha, esa que te lleva adonde tú deseas, en ese recorrido libre, valiente y decidido que quieres hacer, que te mereces vivir. Hoy es otro día para amar la ruta que estás creando.

Mantente en tu enfoque, un paso a la vez, pequeño o de gran zancada. Camínale a la vida consciente, trota, corre, toma un respiro y sigue andando entre sueños por hacer, triunfos por conseguir y una que otra derrota que te afianzará el objetico de tu tránsito vital.

¡Has pensado en esa palabra que eres tú en esencia?

Todos tenemos una que habla por nosotros; está allí definiendo lo que hacemos.

Nos hace bailar al compás con nuestra sonrisa. Se queda en nuestras vidas por largo rato, incluso forma parte de epitafios y, en algunas ocasiones se vuelve parte de un eslogan que otros repiten.

Esa palabra que te define es tu carta de presentación, es tu aval, es tu mantra.

Es motivo de orgullo personal. Es un mandato que te hace tu alma y que tú acoges para tu mayor disfrute.

Algunos se tatúan su palabra definitoria. Otros prefieren imprimirla en franelas para decirle a cualquiera "esto soy".

Yo tengo varias, te lo confieso: soy amante de las palabras. Tengo a *compromiso* y *entusiasmo* entre mis preferidas.

¿Cuál es la tuya? Escríbela aquí con tu letra más dedicada y bonita.

¡Cómo se supera una ruptura?

Hay muchas vías... una de ellas es seguir haciendo tu vida, la tuya, la que no debiste dejar desatendida por otro.

Vale llorar, ir a terapia; hablar con las amigas; mudarse; incluso cambiar de país.

Para superar un corazón roto primero debemos reconocer que estamos en duelo, en un proceso de dolor y afrontar que la tristeza nos puede acompañar por un tiempo. Ser vulnerables sabiendo que estamos en vía a la paz interior, sin cronómetros ni calendarios.

Lo que importa, y mira, esto importa mucho, es buscar ayuda si entras en una espiral de victimismo, desolación y tristeza profunda. Quiero decir que vigiles cuando la palabra depresión empiece a serpentear por tu espalda y comiences a sentir un peso extra que no te mereces tener sobre tus hombros.

Allí, escribe mucho, más aún, muchísimo; nunca será suficiente cada página que llenes, cada libreta que completes, cada documento de Word o Pages que crees.

Salpica las páginas con tus emociones y empieza a sanar tras cada trazo, en cada renglón.

Reléete en ocasiones o rasga y quema esas páginas para liberarte de mayores tristezas.

El camino de la sanación es lento, es a tu paso, único y distintivo. No vayas con prisa, no "finjas demencia" con una sonrisa falsa que solo se traduce en agonía interna.

Muestra tu cara verdadera, sobre todo mírate con amor así tengas bolsas en los ojos y tu nariz parezca un tomate. Así como eres, sensible y honesta en la emoción sentida, así debes amarte.

El amor propio se fortalece no con el estreno de un *oufit* nuevo, sino cuando estás impresentable ante la alegría y el gozo de vivir.

Ve paso a paso, cúrate de a poco.

Abrázate y hazte una bebida tibia: una taza de Masala chai, un té fragante, un café revitalizador, y en cada sorbo la afirmación: "esto también pasará".

La visualización es una cita con el futuro

Desde el presente intenso y emocional, cargado de certezas se construyen los sueños. El futuro está gestándose en el trabajo diario con los deseos, amasados, moldeados, vivenciados como si ya estuvieran listos para hincarle el diente, para sentirlos con intensidad.

Haz una lista breve de tus deseos más preciados, esos que ni siquiera te atreves a verbalizar. Escríbelos aquí para que empiecen a llenarse de realidad. Es posible, tú los harás una realidad.

¡Has oído hablar de anclaje emocional?

Se refiere a una técnica poderosa para sintonizarnos con un estado emocional deseado, al cual puedes llegar de forma sencilla para mantenerte en bienestar. Es un proceso consciente donde asocias una respuesta prefigurada en un instante peculiar. Me explico: Imagina que juntas tus manos o expresas una palabra específica o recitas una frase a ritmo como una respuesta dirigida y con conciencia, buscando conectas una emoción que deseas experimentar a un momento dado donde la calma la estás por perder, por ejemplo.

Para hacer anclaje emocional requieres tener plena conciencia de tus estados emocionales, ser capaz de identificarlos con exactitud y asociarlos con las sensaciones físicas de armonía, paz interior, complacencia. Siempre desde una perspectiva positiva que te envuelva el ánimo y sea un agente que trasmute eso que no deseas sentir.

Te recomiendo amplíes tu búsqueda y empieces a aprender a aplicarlo. Puedes comenzar con algún experto en PNL.

Aumenta tu confianza

Haz una lista de cada obstáculo superado en el pasado. Recuerda todas las veces que creíste que no podías avanzar en tu vida, esas ocasiones cuando pensabas que no tenías lo suficiente para sentirte como una triunfadora. Seguro estás repleta de victorias que has olvidado.

Hoy te llamo a que las traigas a tu presente y así veas cómo se incrementa tu autoconfianza casi de inmediato.

Allá afuera hay otros retos por venir, sin embargo deseo que te consigan activada para enfrentarlos con una sonrisa de *sí puedo, siempre he podido.*

Pensamientos modificables

El famoso doctor Joe Dispenza habla de «cambiar la mente para cambiar la vida». ¿Has intentado modificar tus pensamientos? Me refiero sobre todo a aquellos que te hablan de miedos e incapacidades. ¿Cuántas veces has podido **anular** una idea catastrófica y suplantarla por otra positiva?

A veces puede resultar complicado encapsular malos pensamientos. Sentimos que hay demasiado impactando nuestra mente en dirección a lo nefasto y doloroso. No obstante, hacer cada día actividades que nos llamen a enfocarnos y a centrarnos en nosotros mismos como la meditación, por ejemplo, puede alterar el curso de lo que estamos viviendo, así sea por un tiempo corto.

Por consiguiente te invito a leer el libro **Deja de ser tú** para que empieces a visualizarte mentalmente en esa realidad futura que deseas vivir. Prueba a realizar los ejercicios que el doctor Dispenza sugiere y cree en tu habilidad para transformarte. Es posible cambiar tu cerebro, solo necesitas paciencia, certeza y perseverancia.

Lee, ejercita e inténtalo.

Tomar acción así sientas incomodidad

Cada vez que vamos más allá de la molestia que nos causa algo nuevo, estamos labrando el camino de nuevas rutas de autosatisfacción, de mayor autovaloración, y por ende, de una autoestima más fortalecida.

Hoy proponte hacer algo que te saque de tu comodidad usual o al menos, escribe tres situaciones, hechos o condiciones que te incomodan y que quisieras afrontar en tu vida.

21 tareas en 21 días para estar bien contigo

1. Escribe cada mañana ideas que te nutran el espíritu.

2. Haz un listado de tus cualidades positivas.

3. Lee a diario, al menos, diez páginas de un libro.

4. Aprende una palabra nueva cada día y úsala en mensajes con tus amigos.

5. Escucha tu *podcast* favorito y escribe los aprendizajes que te dejó el episodio.

6. Grábate en un video diciéndote solo expresiones bonitas y guárdalo para esos momentos donde no te crees valiosa.

7. Practica meditar o respirar de manera consciente por 12 minutos.

8. Escribe una carta perdonándote por algo que aún te pesa y te causa culpa.

9. Baila con esa música usual que escuchabas cuando eras adolescente.

10. Escríbele una carta manuscrita a alguien que amas y envíasela por correo para una fecha especial.

11. Visualízate de vacaciones en un "destino ideal" y describe por escrito cómo es y qué sientes al estar allí.

12. Cambia tu escritorio de posición o renueva algo en tu espacio favorito.

13. Compra una planta, escribe su nombre en una tarjetita y asígnale un lugar especial en tu casa.

14. Cómprate un cuaderno para colorear mandalas y reactiva a tu niña interna.

15. Consiéntete dándote un baño largo luego masajéate con una crema rica y sonríe.

16. Desconéctate de las redes sociales por un día completo.

17. Camina por un parque de manera atenta y selecciona piedras, flores o semillas y haz algo artístico con esos elementos.

18. Salta la cuerda durante media hora.

19. Toma revistas viejas y haz un *collage* con imágenes y frases que te motiven a sentirte creativa.

20. Busca fotos antiguas tuyas y crea una cartelera de autoestima creciente donde vayas poniendo tus fotos impresas con breves palabras de amor propio.

21. Siembra un árbol con una nota manuscrita con el deseo que quieres que se eleve al cielo.

La escritura vulnerable

Es como una daga que usas para cortar la neblina que se posa entre tu realidad y tus emociones. Esa materia espesa y opaca te impide entender que es tu sensibilidad la que te va a permitir estar en paz contigo y con el mundo.

Escribe sin frenos, sin cortapisas, sin mentiras. Escríbete hasta que las lágrimas salpiquen el papel o se desborden en el teclado. La vulnerabilidad no es una mala palabra y la autenticidad no usa filtros engañosos.

La tarea que te deja el miedo

«Donde está tu miedo, ahí está tu tarea», esto lo dijo Carl Jung y nos sirve para trabajar en los temores que se nos abalanzan a veces y nos hacen pensar en todo lo que podría salir mal.

Si enfrentas esa parte tuya que tiene miedo, pero que también se enoja con mucha frecuencia, que te hace sentir inseguridad recurrente, ¿qué crees que pasaría contigo y dentro de ti? ¿Dónde pondrías tus fortalezas, tu potencial, tus capacidades, tu ingenio? ¿Acaso las mantendrías ocultas?

Todo lo que te reseca el optimismo y te agrieta las esperanzas son dos semillas que germinan en la tierra de las historias personales que se escriben.

Escríbete a menudo para salvaguardar tu salud mental y para iniciar tu proceso de sanación, si así lo deseas. También para llenarte de sonrisas y de ganas de vivir en paz y con felicidad retribuida hacia ti misma.

Toma tus miedos nuevos, esos que nacieron por las noticias, por la política, por las personas que te alteran, sujeta tus emociones por un momento y escribe lo que pasa adentro de ti en este instante. Ve a tu libreta y siéntete libre.

Escribirse es verse en la desnudez absoluta

Por eso muchas mujeres no se escriben porque al releerse algo les hace un ruidito molesto como ese del carro sin partes engrasadas.

Es como ir a terapia: saltan aspectos de nuestra personalidad, de nuestra historia que no nos hacen ver bien, que nos restan el brillito, la simpatía arrolladora y lo bonitico que vemos frente al espejo, con maquillaje y ropa atractiva. Pero escribirse es autenticidad a toda prueba: *esto soy, esto lo enfrento, esto lo mejoro, estos cambios que puedo hacer conmigo los voy a hacer.*

Sí, da miedo ver esa sombra que nos perturba de nosotros mismos. Pero da mayor pavor ser inamovible, inflexible y rotunda en eso de *esa no soy yo, yo soy solo luz, paz y amor.*

Yo, la verdad, invito a todo el mundo que se ponga a escribir, a escribirse, que dialogue con sus miedos, converse con cada emoción que le incomode y luego se relea para comprenderse más y tomar acción de aquello que debe trabajar de sí mismo.

Si tú no quieres escribirte, pues está bien. Todo dependerá de tu nivel de conciencia, tu personalidad, tus intereses, tus deseos, y así en un etcétera peculiar como tú.

Ilumina el control. Respira en vez de reaccionar

Esas instrucciones me las digo en mis días difíciles.

Cuando se tiene un rasgo de controladora a bordo, poner el foco en el control mismo nos alerta del peso de esa actitud.

Se nos hace evidente que nada podemos mantener bajo control. Ni la tos ni la fiebre ni el desamor ni las malas noticias ni los milagros.

Todo fluye en una cadena de vibración y de energía a la cual nos adaptamos o al menos intentamos comprender.

¿Yo creo mi vida o la vida se recrea (se divierte) conmigo? ¿Soy la que decide o la vida en su lista de chequeo va señalando las pautas a seguir? Esto me pregunto ahora.

Te invito a que apliques estas interrogantes, a ver qué respuestas puedes darte.

Somos rehenes de la inacción

Del no hacer, no pensar, no sentir.

Le han llamado síndrome, le han achacado muchas faltas.

¿Has sido una impostora alguna vez? ¿Lo estás siendo en este momento acaso?

La tristeza puede ser una ruta de crecimiento personal

Es penoso sentirse triste, aunque muy dentro dudemos si será temporal o cíclico o una peste de calendario. Pese a cualquier posibilidad optimista, muchas veces nos apegamos a esa sensación de estar desvalida y nos impedimos ver la imagen mayor, más allá de ese océano de lágrimas que nos inunda. Vemos la imagen del microscopio no la del catalejo.

Si somos capaces de detener los pensamientos recurrentes que nos hunden en la tristeza y procedemos a elevarnos en nuestra emoción podremos vislumbrar un camino distinto. No es el pobrecita yo sino ¡pobrecita nada!

Este impulso de autoamor decidido lo logramos haciéndonos las siguientes preguntas:

¿Por qué me siento triste?

¿Qué causa esta emoción? ¿Hace cuánto la siento?

¿Hay alguien que es culpable de cómo me estoy sintiendo? ¿Es culpable ciertamente? ¿De qué manera lo es?

¿Yo soy responsable de esta tristeza densa?

¿Cómo puedo salir de ella? ¿Quiero sentirme mejor? ¿Cuándo empiezo a hacerlo?

¿Necesito ayuda externa? ¿No soy capaz de darme cuenta del impacto de esta tristeza?

Estas interrogantes pueden resultar incómodas, sin duda. No obstante te aseguro de que pueden hacerte pensar de una forma más sincera contigo misma y tus capas de sensibilidad. El único requisito es atreverse a responder con absoluta veracidad y en un cuaderno con muchas páginas vacías.

Tienes la oportunidad de ser hoy una versión mejorada de ti

Hoy puedes pasar de nivel, desbloquear los mejores *boosters*, ganarte un *bonus* o hacer una actualización que cambie todo tu sistema de creencias.

¿Has identificado cuáles son esas que te mantienen atrapada en un comportamiento errático?

¿A qué le tienes miedo?

Escribe con honestidad y haz un listado:

Tengo miedo a   **Soy valiente cuando**

Ten el coraje de seguir adelante

Ten la firmeza de hacer que tus sueños se manifiesten.

Ten la fortaleza anímica para seguir creyendo a pesar de las decepciones y los fracasos.

Haz lo que tienes que hacer, a toda costa, más allá de las dudas.

Ve, salta las fronteras de la inseguridad, supera cuestas del ego autocrítico y aumenta tu vigor con la certeza de que tienes el material físico y espiritual para cumplirte a ti misma.

Recuerda que las cumbres son solitarias y las simas despiadadas, y a pesar de eso, hay mucha gente con sudor, llagas y lágrimas siguiendo su camino.

Si te crees capaz nada podrá detenerte en la ruta de tu autorrealización.

Tal vez la paz es un sustantivo que usas poco

Escríbete **Yo soy una persona pacífica** sintiendo *esa tranquilidad de quien sabe* que todo fluye en su vida con tranquilidad. Estar en paz no significa preguntarse cómo me alejo de las batallas y de los enemigos. No, para nada. Representa que estás en disposición de *escoger* la armadura que vas a vestir ante un posible encuentro emocional belicoso.

Si te quita la paz tu madre, tu hermana, tu esposo (novio, amante), quizá tu hijo; alguien de tu empleo o una persona amiga, tú decide con firmeza ponerte todos los artilugios que te permitan detener críticas, comentarios malsanos u opiniones desvergonzadas.

La armadura a la que me refiero es liviana de llevar, una total modernidad, ya te digo. Es muy efectiva para contrarrestar expresiones inadecuadas. Consta de un casco que inhibe frases y palabras que puedan causarte molestias varias. Este tiene un dispositivo que se activa de forma automática y aunque te lleva a escuchar con atención, desconfigura el comentario a partir del comando: **«Esa es su opinión y no me afecta»**. Por lo cual cada observación impertinente, declaración grosera o expresión fuera de lugar es desarticulada, lo que te llevará a mirar directo a los ojos, parpadear con lentitud, tomar una inhalación suave y expulsar con liviandad el aire mientras dices: «Esa es tu opinión». Acto seguido sonríes, cambias de tema o sales de la habitación con dignidad. Llevando tu casco armado con glamorosa actitud.

También forman parte de la armadura el peto, la hombrera y el espaldar, partes que se activan cuando alguien te da un abrazo frío, te pasa la mano con ironía o te golpetea la espalda en aparente confianza. Estas partes detectan la falsedad y la hipocresía haciendo que tu cuerpo reaccione y facilitando que no te "contamines" con las energías bajas que despiden esos cuerpos insidiosos.↓

«No tomarse nada personal», ese es el parámetro de operación de cada armadura empleada para preservar tu paz interior. Esa frase de Don Miguel Ruiz debería estar forjada en acero inoxidable y convertida en medalla salvadora.

Tú mantente con tu ser en paz y que nada ni nadie altere ese estado construido desde el autoconocimiento y el amor propio.

Lo que dijo Oprah

Vi un video donde dio tres claves del éxito que a mí me gustaron mucho.

1. Saber quién eres realmente.

2. Encontrar una manera de servir a los demás y

3. Hacer siempre lo correcto.

Estos consejos son ideas de alguien que decidió cambiar su mundo, primero el propio, el interno, para luego impactar el externo, el de muchos.

Confiamos en las mujeres exitosas porque de ellas sabemos que han saboreado el fracaso con amargura.

Creemos en sus prédicas porque han andado por desiertos y han estado sedientas de respuestas. Aprender de las exitosas, de las que saben más, es una asignación que es útil tomar en cuenta.

Sus vidas nos hacen pensar en nosotras mismas, en lo que hemos hecho, lo que no hemos intentado, lo que hemos perdido y con anhelo deseamos recuperar.

Todas queremos ser mejores. Todas deseamos ser una mejor mujer respecto a la que fuimos hace un par de años atrás. Eso lo logramos mirándonos al espejo y atreviéndonos a expresarle a esa cara que se refleja: *Sí, aquí estoy, cuenta conmigo.*

Todas cometemos errores, todas tenemos frustraciones, decepciones y miedos. Sin embargo seguimos... porque estamos vivas, porque nos consideramos imparables, porque nos merecemos ir por nuestros sueños, así nos tome más tiempo del que habíamos estipulado.

Ahora piensa en tus propias claves para sentirte exitosa. Busca tu libreta y ponte a escribir.

¡Hoy es el día!

Decídelo ahora.

Te dices de forma recurrente: "Es que es tarde", "no tengo tiempo para eso", "eso no es para mí", "ya a mi edad", "siempre lo he querido hacer, pero no sé...", y así hay un centenar de excusas que entorpecen tu capacidad decisoria de ser feliz en el hacer algo que te ha gustado siempre.

Pintar, actuar, cantar profesionalmente; hacer manualidades, diseñar ropa, escribir libros; emprender. Hay miles de actividades soñadas que se postergan por inseguridad y baja autoestima. Atreverse a seguir el impulso del corazón, dejarse guiar por la voz interior, escuchar a la sabia intuición deberían ser parte de una asignatura que impartieran en el colegio, o al menos, que los padres enseñaran a sus hijos.

El talento, el propósito de vida, la vocación son elementos que muchas mujeres todavía desconocen de ellas mismas. Así como pasan las hojas del calendario pasan las oportunidades y crecen las frustraciones. *¿Por qué no hice eso en su momento? Nunca pude hacer realidad ese deseo.*

Hoy, no importa la hora, toma la decisión de hacer algo que te apasiona. Da ese primer paso, averigua, investiga, interésate en eso que amarías hacer en tu vida. Toma un bolígrafo y empieza a proyectar lo que tu mente sueña.

¿Por qué muchas mujeres temen su propia grandeza?

Esta pregunta podría tener muchas respuestas. Y aquí sería útil recordar a lo que Maslow llamaba **el complejo de Jonás:** el miedo al éxito y a desplegar todo nuestro potencial. Para este psicólogo norteamericano, la autorrealización es la cima de la pirámide de necesidades, pero muchas veces nos frenamos por temor a lo desconocido, a la soledad del liderazgo o al miedo al juicio ajeno. ¿Te parece conocido?

Debemos trascender ese miedo, no como un acto de arrogancia, sino de autenticidad y compromiso con nosotras mismas. Si sabemos que valemos, si estamos, de hecho, trabajando por nuestro mejoramiento personal y profesional, ocupar nuestro lugar con valentía es honrar nuestras capacidades y abrir camino, desde la sororidad, para otras mujeres que también deben saberse valiosas.

El mundo no necesita más talentos reprimidos, sino más mujeres que asuman su grandeza sin titubeos. Esas que se atreven, son disciplinadas y se enfocan en dar lo mejor siempre.

¿Cuánto te estás atreviendo a expresar tu poder en el mundo?

Cuando hablo de escribir

Me imagino a alguien, como yo, que ama los retos, la introspección y los procesos de evolución. Tiendo a creer que el acto escritural va en consonancia con ese deseo de buscar respuestas en aguas profundas que algunas mujeres tienen en peculiares momentos de su vida.

Se escriben las que quieren dejar de flotar y tienen el atrevimiento de sumergirse hondo dentro de ellas mismas. Porque la diferencia entre escribir cualquier cosa y escribirse es de aquí a un completo ciclo lunar: oscuridad, luz a medias, luz total y así para volver a lo oscuro.

Cuando decides llevar tus palabras al papel yo te celebro, así como la intuición, la intencionalidad y el impulso por ir más allá de temores y dudas están de plácemes también dentro de tu ser.

Tu experiencia de vida es única

Te habrá sucedido un cúmulo de vivencias disparatadas. Habrás experimentado situaciones dolorosas y otras muy felices como a todos, sin embargo, el impacto de estas en ti es muy personal, es subjetivo en su totalidad. La felicidad o la tristeza tienen facciones distintas de acuerdo como nosotras vemos el mundo. Todo en contra, todo a favor; enemigos, amigos; desamor, amor; tiempo de sobra o minutos contados. La totalidad de esas pequeñas sumas activas y sensibles determina tus acciones y modela tus reacciones. Lo que sientes es peculiar y exclusivo, por eso pregúntate:

¿Qué emoción estás sintiendo en este día?

¿Cómo te enfrentas a ti misma ante una emoción desfavorable?

¿Cuánto haces para que permanezca dentro de ti una emoción rebosante y positiva?

Hoy importa cómo te ves y cómo te hablas en
ese diálogo contigo tan peculiar, tan propio.

Este libro quiere que te fijes en los detalles de tu vida que
te han hecho ser quién eres hoy. Siéntete orgullosa del
recorrido que vienes haciendo.

Cambia tu manera de etiquetar lo que sientes.

Imagina que eres un imán para lo bueno. Siente que algo excelente te sucede a ti. Predice que solo te suceden cosas buenas en tu vida.

Vamos, cambia esos rótulos que no te sirven para tu autorrealización.

Haz una lista de etiquetas inútiles que te pones y transfórmalas en afirmaciones de poder.

Destila tus palabras

◇ En especial las que son generadas por la rabia.

◇ Evapora tu mal genio y volatiliza tu mala actitud.

◇ Haz que se desprendan de tu boca solo frases amables, aunque sea por un día.

Si no tienes algo bueno, positivo o cordial para decirle a alguien, haz silencio. Saborea primero tu expresión alojada en calma dentro de tu boca prudente y solo después de un rato, exprésate cuidando de ser esa persona que es conocida por su bien decir. Y recuerda ese adagio de no hagas lo que no te gustaría que te hicieran a ti.

Construye tu momento memorable

Haz algo que siempre recuerdes con amor.
Hoy atrévete a hacer algo que te dé miedo, pero que no implique un riesgo, por supuesto.

Decídete a hacer esa llamada, escribir ese texto, invitar a salir a esa persona.

Llévale comida a un indigente. Colabora un par de horas en un refugio de animales. Léele un cuento a un grupo de ancianos en el parque.

O solo dispón de un tiempo que te lleve a la satisfacción y que involucre a otra persona.

Hazlo inolvidable, hazlo bonito... como si fuera lo más importante de tu vida en ese instante.

Dejas huella cuando tus pasos han sido lo suficientemente amorosos en el corazón de la gente.

¡Entrenas tu mente para asombrarte de cuán capaz e inteligente puedes ser?

Cuando estamos decididas a lograr nuestras metas pareciera que una fuerza real y tangible nos impulsara a desear, trabajar y persistir más arduamente.

Cada oportunidad, cada situación la percibimos como un reto y nos alegramos porque de esfuerzos está hecho el camino del éxito.

Dice Harv Eker que «la principal causa por la que la gente no consigue lo que quiere es no saber lo que quiere».

¿Y tú lo sabes bien, verdad?

Deja aquí apuntado qué es eso que quieres con ahínco:

Quien se atreve consigue lo que busca

Imagina decirte cada día que vas a encontrar tu camino de excelencia y prosperidad, y lo transitarás a tu aire, con tus reglas, y al paso que tú decidas poner a tus acciones.

Dite palabras que te reconforten. Busca la belleza en cada frase que te digas a ti misma. Las palabras hermosas que te expresas frente al espejo despejarán la ruta hacia tu mayor amor propio, porque todo se trata de cuánto te ames.

Muchas veces nos centramos demasiado en cómo nos llevamos con los demás, olvidándonos de que nosotras somos la persona que debe importarnos en primer lugar. Tal cual como la recomendación de seguridad de los aviones: debemos ponernos nosotros primero la máscara de oxígeno antes de ayudar al que tenemos al lado. Así pues, es prioritario oxigenar nuestra valía antes de estar pensando en cuánto y cómo debemos llenar de aire amoroso a los demás.

Reflexiona en el tiempo que usas especulando sobre lo que otros hacen, piensan, expresan, te expresan a ti. Mejor ve por tu propio interés y céntrate en verte, sentirte y valorarte en mayor proporción. Te debes mayor tiempo a ti misma, ¿no lo crees?

Empecemos hoy por las tres preguntas incómodas que debes hacerte y responder con autenticidad:

¿Yo me amo?

¡Qué deseo con ardor en mi vida?

¿Cuál es el sueño, mi sueño incumplido que busco ver hecho una realidad?

Ese sueño quiérelo, deséalo con fervor y déjalo
fluir hasta ti. Sin control, sin angustia, sin dudas.
Ríndete al proceso de ver realizado lo que sueñas.
Emplea tu tiempo en fortalecer la imagen del
logro en tu mente, esto es muy poderoso.

Aplica la **Ley de Kidlin**

«Si puedes escribir el problema con claridad, entonces la cuestión está medio resuelta». Esta es una de las llamadas "leyes de vida", esas que las validan las experiencias.

La **Ley de Kidlin** toma su nombre de un personaje de la novela **King Rat** (1962) de **James Clavell**, el afamado guionista de la **miniserie Shōgun**. De su experiencia traumática como prisionero de guerra en Singapur durante la Segunda Guerra Mundial, el autor escribió a este personaje, Kidlin, que se las ingeniaba para resolver los retos que se le presentaban.

En la ley los pasos sugeridos buscan que se llegue a la resolución de un problema con asertividad. El truco, si pudiéramos llamarlo así, está en escribir con detalle y minuciosa labor cuál es el problema concreto. A veces damos vueltas en una rueda de quejas y no vemos más allá. Por supuesto solo escribirlo no sirve para resolverlo, hay que precisar las soluciones que se nos ocurran y considerar la estrategia para ponerla en práctica, es decir, ir a una acción concreta.

Volvamos a la Ley: «Si puedes escribir el problema con claridad, entonces la cuestión está medio resuelta». Esto supone que ya tú sabes qué es lo que está fallando y al escribirlo puedes comprender bien el problema, lo que te llevará a encontrar la solución adecuada y contribuirá a que no tengas estrés, por ejemplo.

1. ¿Cuál es el problema? Exponlo con claridad, precisión y sin vaguedad.

    - Analiza el problema a través de preguntas específicas como:

    - ¿Qué lo causa?

    - ¿Cuáles son sus efectos hoy?

    - ¿En qué te limita?

    - ¿Cuál podría ser el origen?

2. ¿Qué resultados desearía obtener al resolverlo? ↓

3. Piensa desde distintas perspectivas y escribe las soluciones posibles que surjan durante el ejercicio reflexivo.

4. Evalúalas y toma en cuenta la eficacia, el tiempo que tomará aplicarlas, el posible riesgo o el impacto inesperado, tal vez.

5. Pon en práctica el solucionario escrito y considera qué harás, cuándo, cómo, por cuánto tiempo y quién estará involucrada/o.

Al escribir el problema con detalles y con una mirada amplia verás que la disconformidad será menor, tendrás más confianza en ti y te motivarás de forma activa.

Todo lo que tienes que hacer es escribir.

Las preguntas insistentes

Esas fastidiosas como *pop-ups*. Las que surgen para cuestionarte si estás en la ruta correcta; si aportas algo valioso al mundo; si tendrás suficiente inteligencia, conocimiento, talento.

Las impertinentes que te inquietan con que si no deberías engordar o adelgazar un poco; si no sería mejor que te hicieras un cambio de estilo radical o un tatuaje o una cirugía favorecedora. Esas interrogantes que se disparan cuando te miras al espejo o mientras ves tus fotos antiguas.

Esas preguntas que son de ti contigo y solo para ti; que te interpelan, te ponen en el banquillo, te señalan y, sobre todo, te incomodan.

He aprendido a vivir con mis cuestionamientos insistentes, y te diré que cuando no aparecen, soy yo quien los he convocado: me sirven para detener mi marcha, analizarme, ver qué terreno estoy pisando y qué ruta debería tomar en la inmediatez. Las tengo en una cajita que voy llenando y desechando a la vez.

Me ayudan a bajar el hilo del cometa (papagayo o volantín) del ego; a desconfiar un poco, a ser perspicaz, a seguir mis corazonadas.

Me sirven las preguntas, sean incómodas, cándidas o atrevidas porque siempre me llevan a conseguir respuestas, que me gusten o no, esa es otra historia.

¿Y tú, también tienes tu cajita de preguntas?

Usa lo que eres hoy para crear la vida que quieres vivir en el futuro

Los sueños se construyen ladrillo a ladrillo. Ese monumento a tus deseos más queridos lo vas haciendo paso a paso. Depura tus intenciones. Suprime tus miedos. Conéctate con lo bueno, positivo y optimista, pues es desde allí que avanzas. Habrá reveses y triunfos, lo importante es que le des sentido a tu vida desde la primera frase que te dices al comenzar tu mañana.

¿Haces afirmaciones diarias? Si respondes que sí, te felicito. Si has pensado que no, que deberías, que quizá, que tal vez, detente y empieza aquí mismo a decirte esas frases que te ayudan a mantenerte enlazada a tu amor propio.

Escribe tantas como quepan en la página. Escríbete empezando por el consabido y necesario **Yo soy**:

Dos elementos fundamentales

El entusiasmo y la automotivación que hay que mantener fijos en la mirada diaria.

Alguien que no vive con entusiasmo es una persona que tiene pocas ganas de estar bien. Por ello automotivarse es la respuesta sencilla:

Mírate al espejo y aprecia tu belleza única.

¿Qué es lo que te hace ser singular?

Háblate con amor en cada frase que uses para referirte a ti misma.

Pon términos como alegría, optimismo y perseverancia entre tus palabras favoritas.

Llena tu pared con todas aquellas expresiones que eleven tu ánimo diario. Mira estos ejemplos a continuación:

Me amo

CREO EN MI

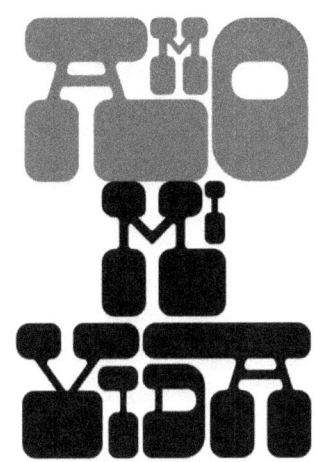

AMO MI VIDA

Afirmo
MI VALOR

Cada situación es
perfecta

TODO PASA

AMOR PROPIO

Certeza
EN TODO

AGUA

"Uno no se ilumina imaginando figuras
de luz, sino haciendo consciente la
oscuridad". Carl Gustav Jung

Lloras y escribes.
Lo que no dijiste, pesa hoy más.
Lo que ocultaste para no herir a otros, te hiere a ti.
Eres cauce emocional, solo fluye con palabras,
No permitas que te estanques por
una emoción no expresada.

Cuando alguien habla de escritura sanadora

Yo pienso en estas acciones que pueden ayudar a sanar mientras se escribe:

Concéntrate: dedícate un tiempo aparte, unos minutos que te pongan en atención plena al instante que estés viviendo.

Aquieta tu mente: respira con lentitud. Deja afuera los problemas por unos minutos, aparta el estrés, eso que te perturba a diario.

Deja volar tu imaginación: si oyes música, si ves un video, toma esos elementos como inspiración y escribe lo que te provoque.

Enfócate: selecciona una idea que te pase por la mente y crea algo, no importa la forma sino el fondo de lo que quieres expresar.

Mira con atención: toma un objeto común, corriente y descríbelo con precisión. Observa cada mínimo detalle y reconoce lo que sientes, lo que te provoca escribir al mirarlo.

Aunque no sé si estás por sanar algo en tu vida, sí puedo asegurarte de que escribiéndote se te aclaran las ideas, se despejan las dudas y te tranquilizas un poco. Así despejas tu mente de aquello que te mantiene en tristeza recurrente, si es tu caso.

Escribe si necesitas entenderte mejor.

Cuando empiezas a escribir todo fluye

No voy a decirte que me creas, que es verdad.

No voy a mencionarte lo benéfico que es para tu vida; cuánto orden, cuánta claridad, cuánto bien le hace a tu inteligencia lingüística.

No voy a hablarte de la memoria activada, la imaginación desatada, la fluidez de palabras que hacen su aparición para tu propia sorpresa.

No voy a revelarte toda la información científica que respalda el acto escritural como un factor de sanación, como una actividad terapéutica que ayuda en procesos de depresión y estrés.

No voy a insistirte que escribas porque es la mejor herramienta para tu autoconocimiento, tu exploración emocional y tu sentido de valor propio.

Aunque podría decirte tanto sobre lo bueno que pudieras experimentar.

Tan solo confía en tu propia voz y háblate mientras deslizas tu bolígrafo por la hoja de papel.

¿Dónde conseguir inspiración para escribir?

En mi experiencia, afuera de cualquier espacio cerrado.

Afuera, en la naturaleza.

Fuera de ti y de tu angustia porque aparezca algo que quieres decir y no sabes cómo hacerlo.

A la inspiración algunos la ven esquiva y la persiguen incansables. Otros creen que deben ignorarla, haciendo de cuenta que no está presente dentro de sí mismos, así cuando surja, sentir que viene de una fuerza invisible, un poco testaruda, que reside en su interior y se muestra cuando quiere.

Lo cierto, al menos para mí, es que la inspiración está en cada acto que realizas desde la atención plena, con seguridad y certeza de contar con el suficiente ingenio para ponerlo a prueba. No se busca, no se persigue, se consigue durante el proceso escritural mismo.

Las palabras tienen un poder transformador

Y aunque escribir puede ser o no un acto de valentía para ti, sí es una necesidad urgente que siente tu yo más intrínseco para darse una bocanada de seguridad, como esa que siente alguien al buscar aire en un cuarto cerrado.

Por eso transforma, porque, al escribir, toma la iniciativa, sigue su impulso y rompe una ventana.

Todos tenemos una historia con nuestros cuerpos

Historias que se miden, se pesan, se maquillan, se ocultan, se niegan.

Historias que no tienen un final feliz porque no hubo un inicio preocupante y hoy persisten calladamente.

Historias que angustiaron en un momento y la palabra "superación" puso el cierre con una sonrisa tímida.

⬦ ¿Cómo te llevas con tu cuerpo?

⬦ ¿Qué parte de él no te gusta y por qué?

⬦ ¿Cuánta atención le prestas a los cambios corpóreos que vives?

Te invito a hacer un ejercicio que considero es muy potente, para lo cual solo necesitarás tres cosas: papel, bolígrafo y estar desnuda.

Mira tu cuerpo expuesto en el espejo del baño o de preferencia en uno que te muestre en completitud. Mírate con extrema atención. Ve por cada línea, lunar, cicatriz, mancha.

Mírate como si te estuvieras descubriendo, como si acabaras de llegar a ese cuerpo que se refleja y expone quién eres en carnes y huesos. Contempla tus partes íntimas y reconoce lo que en ese instante sientes. Detecta la emoción que aflora. Presta atención a ese recuerdo que se asoma de la primera vez que te diste cuenta de que tenías algo peculiar entre tus piernas.

Siente. Escribe. Evidencia ese impulso de expresar lo que te produce estar así contigo, frente a esa muestra total de quién eres. ¿Qué querrías decirte en ese momento?

Siéntete. Escríbete.

¿Qué legado emocional dejas a los tuyos?

Piensa en lo inmaterial, en eso bonito, memorable y sempiterno que tú tienes de tus padres y ancestros, y que quisieras que los tuyos tuvieran de ti. Pregúntate, si pudieras transmitir tu experiencia vital, ¿qué compartirías?

Esa receta del pie de limón maravilloso que haces; aquel truco de tu mamá que solo tú sabes para cocinar los garbanzos; lo que aprendiste de tu tía sobre remedios hechos con plantas. Piensa en la oración que tu abuela te enseñó y que nadie más recuerda.

¿Cómo haces lo que haces bien? Sea cocinar, jugar un videojuego, maquillarte o cambiar un caucho.

¿Qué sabes de tu madre, de tu abuela, de tu tía preferida que los demás no saben?

Imagina qué podría decir de ti en el futuro, tu hijo, tu nieto, tu bisnieto.

El legado emocional es esa compilación de ideas, sentimientos, valores y creencias que transmites a los tuyos y que son parte de eso que hace a tu familia única.

Hemos heredado un legado social, emocional y espiritual de nuestros ancestros. Cuando nos convertimos en adultos o en padres / madres estamos creando nuestra herencia.

¿Qué quieres transmitir a las próximas generaciones de tu familia?

Estamos vivos, estamos bien y no pensamos en lo que estamos dejándole hoy a los nuestros. No es un asunto de muerte, es un tema de plena vida, de completa conciencia sobre la razón de vivir; sobre salud mental, sobre afectos, en definitiva sobre amor.

Te invito a que empieces a escribir todo eso que das por sentado. A

punta y deja registro de los consejos que te han servido; las recetas emblemáticas con sus trucos. Tus rutinas ganadoras; las aficiones más saludables, tus pasatiempos más entretenidos. Las canciones que marcaron a tu generación; los libros que amas; los recuerdos que atesoras.

Escribe sobre tus raíces, las tradiciones familiares; el mundo que entendiste en tu infancia; tus vivencias adolescentes; los logros de estos últimos años. Piensa en la conexión emocional que dejas en los tuyos y en los que te rodean.

¿Cómo se expresa el amor en tu familia? ¿Cómo se gestionan las crisis? ¿De qué forma se resuelven los conflictos?

Todo eso que eres en esencia y que te hace un molde único lo puedes escribir. Cuando empieces te vas a dar cuenta de todos los vacíos de información que tienes de tu propia familia. Y allí comenzará lo divertido de preguntarle a tu hermano, a tu primo favorito, a tu mamá y así a cada miembro. Claro, no todo será bonito y pacífico, descubrirás otras situaciones, pero eso también es parte de ti.

Llegaste a la página que te dice:

Siente las emociones incómodas

No te distraigas. Transita en ellas, sobre ellas y sumérgete bajo sus preguntas existenciales.

Esas actitudes que te dicen *huye al móvil, ve la vida feliz de otros* mientras la tuya está hecha un caos no puede seguir siendo posible en tu realidad.

Te conectas en apariencia con otro ser humano, sin embargo te desconectas de ti misma cada vez que tomas tu dispositivo distractor y no escuchas la voz de tu interior que te está pidiendo silencio, calma interna y compasión por ti.

Siente tu vida palpitando. Llora o ríe. Enójate o escribe.

Haz algo que te vuelva a ti, la persona que de verdad importa en tu vida, y ese algo es escribiéndote, que es fácil de hacer y sin costo monetario alguno.

Cuando se escribe

Se liberan demonios o surgen ángeles buenos en trazos salvadores.

Es valiosísimo poner en palabras nuestras emociones. Allí en ese espacio íntimo cuando nos decimos nuestras verdades y afrontamos nuestros miedos, no nos detenemos en esa tilde indebida o en ese punto olvidado, solo importa fluir y dejar que la mano en libertad siga los dictados de nuestra sabia voz interior.

Escúchala, a la tuya que está hablándote muy quedo.

Escríbete para atenderte con más cuidado.

Cuando escribes de forma personal

Tus palabras fluyen entre tu mundo interior y aquello que crees que quieres decirle al afuera.

En el texto queda tu respiración que puede ser sosegada o de fibra alterada. Allí cada idea es una forma de tu pensamiento que se hace verdad sobre el papel.

Las hileras de tus palabras van a construir un abrazo de sensibilidad o un muro de antipatías, tú elegirás cuál te hace más feliz por dentro.

Cada vez que escribes hay una oportunidad que grita desde tu interior y solo desea dejarse leer. A veces deberás tener mayor empatía, ponerte en actitud solidaria y vencer el deseo de expresar lo que te venga de inmediato al pensamiento. Las imprudencias no quedan bien por escrito y el respeto a la sensibilidad de los demás debe ser una premisa en el trato humano.

Escribir para sanar tus heridas viejas

Para verlas en su dimensión exacta y valorar eso que te ha hecho sufrir.

Esa experiencia te ha llevado a crecer más, a reconocer la emoción que sientes y a transitar entre dolores. Dejaste de ser solo llanto, eres además reflexión intensa e incertidumbre amarga, todo a la vez como en un combo que no pediste y te fue servido.

¿Y qué haces con esa desazón, esa angustia, ese no saber? Lo escribes, te escribes, te relees, te sientes, te entiendes, te calmas.

¿Y si no te tranquilizan tus propias palabras? Te vuelves una insistente escritora de tus emociones, revelas cada sensación física y la llevas al papel en un acto dinámico, integrado a ti, explicativo y muy interiorizado.

Te detienes a reflexionar: *¿qué estoy sintiendo en este momento?* Cierras los ojos. Respiras con lentitud. Detienes el paso acelerado de tus pensamientos y te concentras en cómo respiras. Te oyes. Te sientes.

Abres los ojos y te pones a escribir lo que salga, fluido, así como las lágrimas. No te contienes, buscas más bien expulsar todo grito desde tu letra firme, abigarrada o convulsa.

Tus cuentos

◇ ¿Qué podrías contar de tu infancia que nadie sabe todavía?

◇ ¿Qué contarías de tus peculiares experiencias adolescentes?

◇ ¿Cómo viviste tus primeros años de la madurez?

◇ ¿Cómo ves a la que fuiste hace cinco años atrás?

Ante las pérdidas deberíamos tener como primer plan escribirnos

No, eso no es posible. Apenas podemos sostenernos en pie ante el dolor ¿y nos vamos a poner a escribir?, no, eso es imposible. Eso piensa muchísima gente.

Vivir la ausencia de alguien a quien amaste debe llorarse, llorarse mucho. Acongojarse, rezar, pedir por ese espíritu que se desprendió del cuerpo que aprendimos a querer en abrazos y ternura.

Superar lo perdido parece una mezcla amarga de penitencia y frustración. Sin embargo, transitar hacia la hoja de papel el sufrimiento que nos congestiona el pecho y nos llena de lágrimas puede ser el inicio de una recuperación anímica más profunda.

Con la agitación del sollozo fluyen tanto las palabras que quisimos decir como las que callamos. Recordamos las escenas de felicidad, y de pronto, emergen circunstancias incómodas que nos llenan de rabia o de culpa. Allí, entre frases y lágrimas, soltamos las amarras del desánimo. Las palabras se convierten en párrafos y los párrafos en páginas de amor contenido.

Muchas personas no le temen solo a la pérdida en sí, sino a lo que ocurre dentro de ellas al perder. El duelo desestructura y derrumba el "yo conocido". Da miedo enfrentarse al dolor real de lo que sentimos. Escribir con la garganta hecha nudo puede parecer un agobio mayor. Pero, en realidad, en esa vertiente emocional comienza a gestarse el entendimiento de un final irremediable. Eso que llaman resignación, palabreja que yo aborrezco.

El dolor y el duelo tienen nombres propios o cláusulas de contrato. Perdemos a un padre, a una madre, a una pareja; a veces una tierra, un país, una empresa que fue próspera.

Y escribimos todo eso que nos agobia para empezar a vivir aquello que nos está más.

Sentir a partir de leves matices

Los matices de esas quebraduras del alma donde la vida exige ser resignificada nos permiten crecer. Tal vez al principio no vemos nada con claridad, aunque intuimos que, en algún momento lejano, quién sabe cuándo, encontraremos un respiro.

Para mí el duelo no se supera. Solo se atraviesa escribiéndolo, como quien camina a tientas por el desierto. No hay atajos que nos hablen de oasis. No hay mapa. Pero incluso en medio del caos, podemos usar nuestra mano para, palabra a palabra, comenzar el camino hacia el sosiego del corazón.

Y sí, hay dolores que no caben en palabras.

Mi invitación hoy es esta: Si estás atravesando una angustia que te taladra el pecho y la cabeza, escribe sin miedo a lo que aparezca sobre el papel. Describe lo que sientes. Dale un cauce.

La escritura no elimina el duelo, pero es un espacio sagrado donde puedes decirle a ese dolor que entiendes —o al menos, que estás intentando comprender— su propósito. Sobre la hoja, de algún modo, estarás encontrando tu propia voz de aliento.

Inmersión entre tus emociones

Si has identificado ese rango de sentires que conforman tu vida, pues muy bien. Eso significa que has buceado entre el miedo y el amor, por ejemplo. Habrás conseguido aguantar la respiración o te has proveído de una mascarilla adecuada para esa zambullida profunda en los mares de tu sensibilidad.

Navegar entre tu llanto y tu risa espontánea; con la angustia en tu pecho o la satisfacción expandiendo tus pulmones.

¿Qué hacer si somos emocionales y todo nos toca el alma?

Yo respondo: conversa con alguien comprensible; escribe en una libreta grande; acude a terapia; acaricia más a tu mascota; encuéntrate en la naturaleza y disfruta de su aroma, susurros y fragancias.

Si te sabes una buceadora emocional, no temas descubrirte sintiendo más cada vez mientras más te sumerjas en tus sentires. Eso es solo una buena noticia: estás más viva que nunca.

Hay un sendero imaginario

En él andas descalza y despeinada, libre, sin angustias ni incertidumbres. Un espacio donde estás liberada de miedos. Allí está tu niña feliz junto a la mujer íntegramente satisfecha que eres hoy (o que estás en camino de serlo).

Volver a la niña que fuiste para conectar con la persona que eres hoy.

Saltar de un recuerdo infantil grato a una vivencia adulta donde te sentiste apreciada.

A veces solo se trata de hacer una lista de logros, de pequeños triunfos. Empieza aquí:

Renuncia

◇ Renuncia a la mediocridad, a la pobreza, a la infelicidad, al desamor.

◇ Renuncia a esa sensación de vulnerabilidad 24/7.

◇ Renuncia a las dudas que carcomen tu espíritu triunfador.

◇ Renuncia a las palabras ofensivas, al maltrato; a la culpa.

Escribe una carta de renuncia a todo aquello que no te hace bien.

La gratitud cambia tu vida

Toma este espacio para agradecer desde lo más pequeño hasta lo más significativo que te haya pasado en los últimos meses.

¿Qué es lo que está detrás del dolor que ocultas?

Escríbelo, respóndete sin máscaras. Sabes que te va a doler, intuyes, de hecho, que también va a cesar la punzada que te mantiene como una doliente. Nada es para siempre, incluso un dolor muy grande. Ese va bajando su intensidad, puede que se quede, sin embargo será una compañía que no grita, ni empuja, pero su presencia te pone sin ánimo.

Recuerda que tú tienes las respuestas en tu interior, ya sabes muchas cosas que todavía no has pensado con la mente aunque tu cuerpo y tu intuición ya te estés dando pistas hace un buen rato. Por eso y por más, escríbete. Vas a sanar.

Te escribo a ti

Eres alguien que está en su proceso de autotrans-formación y quiere descubrir cómo al usar la escritura puede profundizar más en sí misma.

Eres alguien que viene hurgando en su ser, haciéndose preguntas de lo que quiere respecto de lo que no, y necesita comunicarse desde la asertiva sensibilidad.

Eres alguien que desea ahondar en sus emociones y no teme los resultados que advierta al leerse cuando vea la cara del dolor, la decepción o la tristeza expresadas sobre el papel.

Eres alguien que busca verse a sí misma por medio de la escritura como práctica transformadora que nace en el apunte diario o *journaling*. Alguien que está en búsqueda de su trascendencia.

Me gusta pensar que te hablo a ti, con tu nombre específico y tu deseo entusiasta por la vida.

Alguien que está buscándose y siente que el encuentro consigo misma es a través de la escritura. Nada grandilocuente; no aspira a un Nobel en Literatura; sin embargo tiene un impulso interior que le dice: *ponlo por escrito, regístralo, guárdalo fuera de tu mente.*

Conecta con tu voz interior, con tus vivencias almacenadas en todo el espacio de tu memoria, aviva tus emociones, siéntelas sin rubor alguno y escríbete.

Hay que entender a quien no quiere escribirse

Y esto lo digo porque una vez pregunté en las historias de Instagram: ¿Te gusta escribirte?, y alguien me respondió lo siguiente:

"No me gusta escribir mucho, prefiero hablar. Siento que hablando saco lo que siento".

Te confieso que me dejó pensando un rato largo. Después solo le respondí: Entiendo.

Y es que sí, le entiendo. No hay manera humana de hacer que alguien que no quiere escribir lo haga. Yo por mucho tiempo me jactaba de que lograba poner a escribir a muchos. Me creí eso de que la unión de mi entusiasmo y mi pasión por lo que amo hacía de fuente de inspiración para otros.

Hoy reconozco que ante tanta gente herida por ahí, insistir en la escritura como agente de sanación puede ser una torpeza. Hay muchas personas yendo a terapia, escuchando pódcast, hablando en confesión con gente amiga, buscando información para comprender la tristeza, la frustración o la depresión que los cerca. Esas almas dolidas no se ven escribiendo para comprender lo que les pasa. A diferencia de aquellos que necesitan arrancarse las palabras feas de su cuerpo como quien se deshace de un chicle pegado al dedo.

Los que trabajamos con las emociones sabemos que al escribirnos se ventilan los pesares a conveniencia del día, de forma espontánea o por imposición anímica en nuestra propia defensa. Los que hablamos de escribir como ejercicio de autoconocimiento sabemos que para muchos el papel desnudo es un testigo muy incómodo. Allí se van a quedar asentadas sus minusvalías. Quedarán fijados sus temores y sus dudas se verán más claras.

A veces hablo de que **escribir es exorcizarse**. En el folio quedan los demonios malos que perturban el ánimo, y romperlo, quemarlo y verlo volverse cenizas ofrece una sensación de regocijada calma. Sin embargo son muchas las personas que no quieren saber de conectar el drama o el sufrimiento en el acto de escribir. Quieren alegría, felicidad y placer a cada instante, incluso al escribir, por supuesto. La vida vista desde el sufrimiento agobia y es invivible, aseguran los pesimistas. Por eso algunos huyen, tienen vicios, fingen, eso es mejor que ponerse a reflexionar en profundidad sobre lo que están haciendo con sus vidas a través de su mano deslizada sobre un trozo de papel.

Si es un hecho que alguien no le apetece escribirse, está bien, lo comprendo.

Solo lamento que no va a saber cómo se ven sus oraciones reposando quietas sobre un renglón. No va a descubrir que las emociones danzan entre los tres dedos que sostienen un bolígrafo y hacen que las palabras salgan torcidas o gruesas, y a veces adornadas con gotitas inesperadas a los lados de la hoja. No verá cuántas frases puede construir con la expresión "yo siento". No tendrá curiosidad por leer lo que su corazón le dictó a su cabeza mientras los intestinos conversaban subiendo el tono.

Mantendré mi fe, no obstante. Habrá un día que esa persona sienta un impulso del alma, uno desconocido y cómodo al instante que le va a ordenar con amorosa sugerencia buscar un lápiz para soltarse libre sobre una desnuda hoja hambrienta de palabras.

La fiesta de los 15 o los alegres 16

Ese período de nuestras vidas es imborrable.

◇ ¿Qué música escuchabas? ¿Cuál era tu grupo o artista preferido?

◇ ¿Llevabas un diario? ¿Cómo podrías definir a esa que fuiste?

◇ ¿Qué de esa chica (rasgo de personalidad o actitud) todavía conservas hoy?

¿Desde cuándo no te das permiso para jugar?

Deja que escriba la niña interior que se agazapa adentro de la adulta que eres hoy.

Déjala hablar sobre sus juegos favoritos en estos espacios libres:

Las mujeres que conozco

Conozco a mujeres que están paralizadas ante el hecho de ponerse a escribir.

Mujeres que se minimizan porque dicen no tener talento. Otras que piensan que no tienen algo bueno para decir. Algunas que creen que escribir es como una moda y no saben si les calza ese afán de poner por escrito ideas, metas y sueños.

Conozco a mujeres que están yendo a terapia y el especialista les sugiere que escriban, pero se frenan porque no saben cómo enfrentarse al papel.

El miedo a escribir es más común de lo que te imaginas. En sus fauces son tragadas autoestimas, deseos y alegrías. Quien teme escribir asume que alguien se burlará de sus ideas o cree que es incapaz de expresarse por escrito y con belleza.

A mi juicio hay una incomodidad llamada "miedo" que agrupa a muchos factores íntimos que deben ser vencidos. Sobre todo si estamos en la ruta de nuestro autoconocimiento y deseamos embarcarnos hacia nuestra autorrealización. Si es tu caso, despójate de miedos, sal de tu cómoda manera de mirarte a ti misma como incapaz de expresarte por escrito y atrévete a dejar para la posteridad tus reflexiones, tu ingenio, tu autenticidad.

Esto es personal

Es entre tú y tus pensamientos. Pasa entre tus deseos y tus frustraciones. Ocurre cuando te siente mal. Hoy, libérate de tu ego, de tu crítica interna. Toma un diario y empieza a escribirte. Haz escritura personal, esa, la que ocurre contigo y para ti.

Esa que no se muestra porque no es para demostrar cuánta creatividad posees. Es para asentar tus emociones agobiantes sobre la hoja a rayas o en completa blancura.

Hablo de la escritura íntima que mantiene a tus palabras entre la espada y la pared, entre el bolígrafo y la página.

La escritura que calla tu voz incansable para dejar que el silencio se apodere de todo y solamente sea el fluir de tu conciencia quien aparezca trazo a trazo.

Escribir, escribirte como un acto de consuelo por ti misma.

Escribirte como la sumatoria de instantes íntimos que recorres a oscuras en pasadizos de tristezas rancias o de melancolías con sabor a domingo a la seis de la tarde.

Tener una libreta, un cuaderno, un diario para poner por escrito esa tertulia que deseas registrar cada vez más. *Journaling* le dicen muchos. Yo la llamo es escritura emocional creada para fortalecer tu autoestima, para analizar tus vivencias, para reflexionar contigo y sobre todo para entenderte más. Eso por encima de cualquier otra razón.

Hay un ritmo en la vida que seguimos

Lo veamos con conciencia o no.

Todo se mueve, todo vibra, todo fluye y refluye.

Avanzamos y retrocedemos, unas veces de forma evidente, otras casi imperceptibles para nuestra cuenta personal de metidas de pata.

Somos mar y playa, océano y orilla. Andamos huyendo con el viento en contra o corriendo en una ladera resbalosa.

Es ir o regresar a lo que hemos sido hasta ahora.

¿Hoy qué te impulsa a seguir adelante? ¿Qué te hace volver a tu origen?

Es una práctica solitaria donde usas tus ojos para mirarte adentro

Eso es escribirte.

A veces te criticas despiadadamente. En ocasiones solo fluye tu consciencia. Hay momentos cuando afinas el oído para el susurro de tu voz interior llamándote a empezar en una hoja diferente.

La escritura manuscrita libera las gargantas atrampadas de llanto. Permite forjar ideas que insistentes martillean la destrucción de obsoletas creencias. Santifica tus deseos, perdona tus indecisiones y justifica la necesidad de leerte y releerte.

Es crítica mordaz, es concienciación; es ser parte de ilusos que pretenden crear cambios sin disparos, sin mítines, sin alguna ONG que mande una cartita firmada en serie.

Es pensar en la vida que llevan otros, es revisar las tragedias allende tus mares y tomar posición entre renglones que ves crecer.

Al escribir a mano siembras ideas en un papel que más tarde germinará en documento o poemario o descripción de un *post* o relato abreviado, incluso puede ser el plan definitivo del epitafio que leerás a carcajadas mientras ves llorar a alguien que nunca te dijo que te amaba.

Si estás triste, si quieres hacer una reflexión intensa, si quieres afincarte en tu ideología o si pretendes emancipar tus emociones en control, escribe.

¿En qué ciudad vives?

¿Cómo te sientes en ella?

Las ciudades nos ayudan a construir nuestras historias personales.

Entre el concreto, el neón y los reducidos (o no) espacios verdes hemos palpado la vida. En ocasiones nos hemos sentido atrapados, otras veces una sensación de libertad nos ha llenado el cuerpo entero.

Cada ciudad deja una marca en nosotros.

Me pregunto qué tienes para contar del lugar donde naciste; de las urbes que has conocido a lo largo de tu vida; de ese espacio urbano que hoy transitas.

Hoy te invito a escribir sobre los lugares que permanecen en tu memoria. ¿Qué te has llevado de cada uno? ¿Qué te han dejado impreso en tu ser? ¿Qué te has inventado sobre esas casas, calles, edificios y plazas que has conocido?

Escribe sobre tus recuerdos citadinos. Ve a tu libreta o cuaderno y no olvides transmitir las sensaciones y las emociones vinculadas a los espacios vividos.

Te invito a que vayas a un recuerdo

Tienes 8 años, estás de vacaciones escolares. Hay un largo paseo familiar programado. Estás feliz.

Cuenta sobre esa experiencia. Llena tu relato de los olores y los sabores que te inundaban el ánimo. Habla sobre las personas que estaban a tu lado. Relata el lugar, descríbelo con profusión de detalles. Expresa cómo sonaban los días, esos cuando estuviste fuera del aula de clases.

Narra sobre esa niña que fuiste. Mírate en tu memoria y contempla los recuerdos felices de ese año de tu vida que empiezan a desfilar frente a tus ojos cerrados.

Luego atrápalos en la página para hacerlos aún más memorables.

Feliz recorrido, feliz visita.

Escribirte no te va a llevar a algún lado más allá de tu nariz sino a tu adentro intimo y único

Esto lo digo con regularidad y constato que hay gente que no le gusta escribirse justo por eso. Prefiere huir a esa felicidad con corazoncitos rosados, afirmaciones que suenan bonitas y mensajes que validan que la vida es bella siempre, por siempre.

Sin embargo está ese niño abusado que nunca habló y hoy es un hombre lleno de resentimientos. Esa mujer infiel con una doble vida que se cree genial porque puede andar con soltura por esa cuerda de equilibrista. Aquel pastor que cometió una falta grave y ahora habla vociferante de perdón.

Vivir con nosotros y nuestras conciencias delatoras puede no ser cómodo, y si le sumas que tienes que escribir sobre eso oscuro, turbio o inmoral, pues no, no se hace, no hay porqué.

Escribirse significa mostrar una verdad, y muchísimas veces preferimos erigir una muralla y circunvalar nuestro ser antes que dejar pasar la veracidad iluminada. La verdad de lo que sentimos, de lo que somos, de lo que callamos da miedo. Verlo allí, concreto y directo, escrito con nuestra letra, con esas palabras nuestras, con esa historia detrás es pavoroso. Como ese hijo que permanece llevando a su casa materna una novia tras otra cuando en realidad tiene hace tres meses a un hombre maravilloso a su lado.

Escribir sin miedo es atreverse a hacer un acto de contrición escritural. Perdonarnos por ser desleales a nuestra esencia. Amarnos con todas nuestras fracturas, cicatrices y llagas y expresarlo con todas sus letras. *Esto es lo que soy y punto.*

A veces debemos pasar primero por el diván para confrontarnos con nuestro yo real, antes de decidirnos a usar el bolígrafo y el papel como testigos de nuestras vivencias. Es como hacer pulso con las creencias instaladas desde la niñez y sentir que el brazo quiere ceder pero nuestro miedo al qué dirán es más fortachón.

Lo que sucede...

...es que no es "el qué dirá" mi madre, mi padre; mis amigos, mis colegas, la sociedad, sino qué me estoy diciendo yo a mí misma y que se siente tan feo, tan apremiante en el pecho, tan áspero en la garganta, tan intimidante en las tripas.

Escribir en primera persona es hacerlo sin miedo a la propia voz y a las crudezas que salgan una a una sobre la página. Lo confieso, no es fácil, pero tampoco imposible. Solo nos queda elegir entre conocernos en absoluta profundidad porque hemos cavado hondo o permanecer con la máscara puesta tan adherida a nosotros que perdamos la certeza de qué es auténtico y dudar de quién es esa cara que nos lavamos todos los días.

Atrévete y pon tus palabras aunque te duelan, te avergüencen o lastimen a tu espíritu sensible.

Existe una dupla potente: darse cuenta y escribir

Darse cuenta de algo significa que se es capaz de advertir, de percatarse, de comprender algo en la propia vida.

Cuando estamos conscientes nos centramos en nosotros y anulamos el ruido exterior, allí aparece esta magia perceptiva intensa que te hace entender.

En ese instante preciso *te das cuenta* de lo que está pasando. Atiendes a lo que sucede en tu cuerpo, a tu pensamiento concreto, a tu reacción emocional, a lo que estás sintiendo en plenitud y en completa atención.

Es como si todo se paralizara afuera de ti y solo estuvieras en ese silencio íntimo captando cada fibra de ti en un nivel muy alto, muy concreto, muy denso desde lo sensible y sensitivo de tu ser.

Y justo allí, tomas un bolígrafo, una libreta o un cuaderno y escribes de forma espontánea, fluida, libre.

Cuando terminas de escribir, cuando has vaciado todo lo que quería salir sobre el papel, en ese momento de soltura y tranquilidad das una inhalación lenta y expulsas el aire como un resoplido. Entonces lees lo escrito, quizá en voz alta, y comprendes un poco mejor quién eres en ese instante.

Esa es la actividad más potente que puedas hacer si buscas conocerte más.

¿De qué te has dado cuenta dentro de ti en lo que llevas leyendo de este libro?

TIERRA

"Lo que no se hace carne, no se
comprende". Merleau-Ponty

Eres hueso, piel, silencio y alimento.
Eres ese cuerpo que sostiene lo
que piensas y sientes.
Estás aquí para entenderte a partir de tu ser sagrado.
Por eso te digo que te escribas desde el cuerpo
para que tu experiencia sea raíz.

Todo viene desde ti, está dentro de ti

Se gestan tus miedos, se apelmazan tus dudas. Tu objetivo de vida es que diluyas todo aquello que impide tu crecimiento personal. Por eso busca fraguar en ti solo sentimientos que te lleven a *estar bien*, porque escribir es moldear estados de ánimo a partir de las palabras que nos escribimos.

Ahora en este instante preciso: ¿cuál es la sensación recurrente en tu cuerpo desde hace unos días atrás?

Autotoxicidad

Sí, esa que tienes tú contigo misma.

Si sumaras todas las veces que piensas feo, mal o inapropiadamente de ti misma solo podrías concluir que tienes un yo tóxico.

Ámate. No permitas que los malos días o las personas prescindibles de tu vida te hagan sentir mal contigo.

Tú eres por naturaleza maravillosa. Nada más analiza la magia que sucede dentro de tu cuerpo: tus sistemas, articulaciones, funciones, músculos, huesos, cartílagos, membranas, neuronas, átomos.

Toda tú eres una partícula de esa energía que construyó el universo. Dicen algunos que fuiste hecha así como yo, a imagen y semejanza de la fuerza más amorosa y poderosa nunca imaginada. Por eso no seas tóxica contigo. Insisto, insisto, insisto, de nuevo: ÁMATE MÁS.

Te dejo hoy mis pasos

Para conectarte con *la escritura natural*, esa que nace gracias a tu contacto con la madre naturaleza.

Da un paseo, llénate de verde las pupilas, respira conscientemente y ábrete a la inspiración que te traiga la brisa en tu cara.

Contempla con la mirada vacía de críticas. Solo disfruta del paisaje, de lo que te rodea en ese espacio de la naturaleza que has escogido estar.

Haz una inspiración intensa, mantén el aire en tus pulmones un instante y expúlsalo como si silbaras, con lentitud. Esto puedes hacerlo las veces que quieras.

Fíjate en la sensación física que ocurre en tu cuerpo mientras inspiras y espiras. Pon atención a la sensación emocional que empieza a surgir calladamente.

Si sientes el impulso de decir (te) algo, atrapa las ideas que te lleguen en las notas de voz de tu dispositivo móvil, para luego transcribirlas en la comodidad de tu hogar.

Al frente de tu libreta o de tu ordenador vuelve al paseo, a lo que sentiste y conéctate con las palabras que escuchas, con esa voz que es tuya y percibe cómo te hablaste, cómo suena lo que dijiste y completa en tu página todo lo que te pase por la mente.

Lo que aprendí de mis terapeutas ha sido muy valioso

Aprendí que verme a mí misma como desvalida y víctima no iba a mejorar nunca mi autopercepción y mi amor propio.

Que llenar mi *feed* de Instagram de fotos mías disfrutando la vida no me iba a convertir en mejor persona.

A quererme en silencio, a escribirme declaraciones de amor, a afirmar que valgo por ser quien soy sin rangos, roles, etiquetas o nombramientos.

Y por eso te escribo a ti para que te ames por igual cara lavada o con el cabello impecable salido del salón de belleza; con granos en las mejillas o con el súper maquillaje que te hace ver muy atractiva. Te ames con la ropa barata o con esa pieza que te costó casi la mitad de tu salario mensual. Te ames triste o alegre; seas desconocedora de muchas cosas o cultísima; tengas inteligencia promedio o presumas de genialidades asombrosas. Sientas buenos sentimientos por el prójimo o sufras de antipatías usuales.

Ámate como eres y conócete un poco cada vez más, solo eso importa.

Esas palabras que te escribes son tuyas

Son tuyas, están metidas en tu cuerpo. Lo nombran y a veces se escuchan como *fea, gorda, enana, bruta*, por ejemplo.

Son palabras que alguien dejó regadas en tu mente y ahora brotan, de hecho, vienen germinando desde hace años sin que te des cuenta. Esas que pueden sonar a *no sirves para nada, siempre te equivocas, nadie te va a querer*.

Sin embargo hay frases y expresiones que puedes buscar y hacer que te habiten a ti, que te llenen amorosamente.

Las puedes enlistar, escribir a colores y pegar en el espejo del baño. Puedes imprimirlas en gran formato y llenar una pared de tu cuarto o de tu sala si te sientes creativa y jovial.

Esas palabras buenas, positivas y conscientes te transforman en una persona asertiva. Empiezan a salir de tu boca, recorren tu cara, se aposentan en tus ojos y te llenan de alegría, esa sencilla que calienta el corazón cuando se es feliz por solo respirar sin ayuda.

Transmuta las palabras que no te sirven. Persíguelas en tu hablar diario, sácalas de tu mente, captúralas en una hoja de papel y quémalas. Luego en un cuaderno comienza a escribir todas las bellas sustitutas que se convertirán en tus aliadas habituales.

Las palabras construyen realidades. Por eso a veces hay que esforzarse en pensar bien, en hablarnos con aprecio y en recapacitar cuando nos hemos dicho algo inapropiado.

Selecciona con cuidado las palabras que usas contigo, sobre todo, y en primer lugar.

Si la vida te pesa

Si sientes que sobre tus hombros llevas demasiada carga haz algo.

Refúgiate en la naturaleza. Tómate unos quince minutos para caminar. Llega a un parque o a un bosque cercano, siéntate y solo siéntete.

Si llevas una libreta escribe eso que te produce mayor pesar y cansancio.

Expulsa todo, haz que el papel absorba todo tu malestar. Luego al terminar camina por el césped y deja que tu peso sobre la tierra se libere y te llene la madre tierra de su energía buena. Ah, y el papel rómpelo en pedacitos mínimos y entiérralos bajo un árbol.

Deja ir y avanza.

¿Cuál es tu color favorito?

Mira a tu alrededor y fíjate dónde está: ¿en qué objetos o cosas?

⋄ ¿Es parte de la naturaleza? ¿Dónde se ubica?

⋄ ¿Cuántas prendas de ropa tienes de ese color?

⋄ ¿Qué representa para ti tu color favorito?

⋄ ¿Con cuáles palabras lo relacionas?

Toma estos espacios en blanco y respóndete, mira que con el paso de los años nuestros gustos cromáticos pueden variar.

Quisiera decirte tanto

Escribirte con claridad que los abrazos son más necesarios ahora.

En estos tiempos de pequeños cuadrados con caras sonrientes. Importa estar cerca y tenerse a la distancia de un brazo es mucho más significativo que el mayor número de "likes" que consigas con tu último *reel*.

Abraza a los tuyos. Ve donde tus amigos reales, los que tienes más allá de las plataformas sociales, esos de toda la vida, de la confianza a toda prueba, encuéntrate con ellos y abrázalos. Contén el aliento, aprieta y exhala. Recárgate de ese afecto sincero que se siente en el pecho, literal y metafóricamente hablando.

Abrázate tú también, con frecuencia, así no haga frío.

Desintoxicarse

Sí, hoy bien vale desintoxicarse de las vidas tecnológicas que nos suman en la angustia por un número, unos corazoncitos de mentira y una aprobación que no necesitamos.

Volverse a la vida que huele a papel, como tú ahora (gracias por ello); a la que sabe a café sin mueca lista para la foto instagramera; a la que se siente entre los dedos frente a la playa, solamente tú y tu cuerpo animado ante el mar enorme en su belleza.

Hazte responsable de lo que quieres vivir ahora. Vive más cerca de ti que de otros que ni siquiera conoces en realidad.

Esto es una amable y breve recomendación de señora de cinco décadas y contando.

Un designio

Me gustaría decirte que justo esta página que te seleccionó hoy, la marcaras y fueras, antes de seguir leyendo, a un lugar donde hubiera un jardín, donde estuvieras en pleno contacto con la naturaleza. Allí, dispuesta a sentir y a escribir, entonces continuar con la lectura aunque parezca más un texto instruccional.

Observa con atención a tu alrededor.

Déjate llevar por lo que entra por todos tus sentidos. Apresta tus oídos, tu mirada nueva y deja que esa escena que estás contemplando inunde tu cuerpo entero.

Siente. Consiente que lleguen las sensaciones libres a tu mente, apruébalas y entonces ponte en acción, describe lo que ves y escuchas.

Es un paseo que comienzas a dar sobre la página en blanco. Vas dejándote palabra a palabra hasta el momento cuando ya te has vaciado en completitud. Pronto vas a dejarlo como una comprobación de tu vida tranquila.

Te aconsejo que después de que escribas, escojas el reposo de ese texto bonito hasta un par de semanas siguientes. Pasado ese tiempo vas a volver a lo escrito y reconectar con la percepción que tuviste. Compararás la sensación real del momento vivido con la rememoración sensitiva de lo percibido.

Habrá sido un recorrido con la mirada hacia adentro. Y te digo que de eso se trata escribirte.

Alivio

Busca tu ventana, tu salida al exterior. Sal de las paredes que te constriñen.

Conecta con el azul o gris; disfruta de las tonalidades que te inundan la vista y suspira porque eres una vidente, es decir, una persona con el regalo divino de poder ver todo lo que la rodea.

Contempla con tus ojos extasiados y agradece que puedes imaginar con las nubes de inspiración. Le llaman a eso *pareidolia*, ¿lo sabías? Busca ese patrón familiar que te sugiere un animal o una cara humana, una flor, quizá o un remolino blanco y sutil.

Y sintonizada con esa atmósfera juguetona y pacífica dale sentido al momento, aprovecha y medita. Mira y deja que te invada esa sensación libre de preocupaciones. Procesa eso que te llena el espíritu, si tienes la oportunidad, escribe lo que sentiste.

Días de días

Hay días en los que mirar una página en blanco se parece a mirar el techo cuando no puedes dormir. Ves el cursor pulsar, sabes que todo está ahí: el deseo de escribir, el tiempo libre, el café caliente, incluso una buena idea que hace tic-tac en tu frente. Pero nada baja a los dedos ni brota de la mente lúcida ni ocupa su lugar en esa sábana desvestida que empieza a extenderse como si el silencio se alargara verticalmente.

Y no siempre es bloqueo, eh. A veces es agotamiento físico, saturación informativa o una duda sorda que te dice con voz mordaz: *¿Y ahora qué vas a decir que no hayas dicho ya?*

Esa voz tiene muchos ropajes. La del autor que ya publicó y no quiere repetirse. La de la lectora exigente que imaginamos juzgando cada párrafo con su ceja izquierda levantada. Pero sobre todo a esa parte nuestra que cree que escribir es demostrar y no explorar dentro de sí.

Yo también he estado ahí, muchas veces y a mi pesar, obvio. He mirado la hoja como se mira una herida recién abierta: con miedo a tocar, a decir algo indebido políticamente incorrecto o con un manoseado cliché del siglo pasado.

Pero escribir no es demostrar nada. Es descubrir, y a veces para hacerlo hay que aceptar la incertidumbre, la torpeza, la nada inicial en una idea esquiva que uno pretende que haga su aparición perfecta y diga con jolgorio: *Show Time!*

Si estás leyendo esto y se parece a lo que has sentido alguna vez, solo te digo que no es lo mismo *escribir sobre algo* que **escribir desde lo que algo te late en el cuerpo.**

Mi sugerencia es que lo atiendas. Míralo. Ve cómo reside en ti ahora si acaso sucedió hace tiempo. Visita su recuerdo aunque incomode. Quizás, justo ahí, estés comenzando a decir lo que nunca habías dicho antes. Velo de esta manera, siempre hay sabores nuevos cuando la sed agobia. Entiende que la sequedad de ideas también forma parte del proceso escritural. Hay temporadas cuando la escritura se ralentiza imitando la gestación de las semillas mientras nosotros solo queremos floración. A veces hay que disfrutar la raíz expandiendo sus brazos en la tierra, es decir, apreciar aquello que está sucediendo en la oscuridad cuando en apariencia en el exterior nada está pasando.

¿Y si creemos que ya no hay nada nuevo que decir porque hemos venido escribiendo mucho? Que se redacten artículos para revistas, se hagan múltiples entradas en Instagram, se registren libros previos, no es el asunto, no se trata de producción en serie. Lo que cambia no es el tema a tratar, es la voz desde donde quieres decir esta vez, en la oportunidad que se te da o que buscas para expresarte.

La voz que escribe hoy no es la misma que escribió hace un año. Hoy está intervenida por nuevas pérdidas, otras preguntas, distintos silencios. Por eso hay que volver a mirar el papel como la posibilidad para decirlo de otro modo.

Mucho del miedo al papel desnudo no viene de adentro de la habilidad o talento, sino de lo que imaginamos afuera, de una mirada que nos observa desde el margen cual corrector que aún no ha sido invitado a leer. Y lo que sucede es que nos editamos antes de escribir, nos censuramos antes de mostrar siquiera un poco.

Hoy no te olvides que escribir es tocarse primero a uno mismo, abrirse al gozo de paladear las palabras, olfatear el mensaje que queremos dejar, sentir la cadencia del baile de las frases hasta descubrir que estamos haciendo la magia (otra vez) de escribir con fluidez.

Para escribir hay que escuchar con todo el cuerpo

Presta la debida atención a lo que te pasa cuando vez un atardecer y dices que es conmovedor, por ejemplo. ¿Qué parte de tu cuerpo *vibra* con la belleza de la naturaleza que estás mirando?

Estás comiendo uno de los platos favoritos que cocina tu madre o alguien que amas mucho y le dices que está divino. ¿Esa explosión de sabores a qué lugar te lleva y con cuál melodía la vinculas?

Vas por una calle y te tropiezas con un pequeño objeto que te hace desequilibrar, pero no te llegas a caer. ¿Cuál sería el *soundtrack* de ese momento?

Para escribir desde tus sensaciones físicas hay que estar en receptividad constante. Ya lo dijo Ray Bradbury en su libro **Zen en el arte de escribir:** «... a lo largo de la vida nos llenamos de sonidos, visiones, olores, sabores y texturas de personas, animales, paisajes y acontecimientos grandes y pequeños. Nos llenamos de impresiones y experiencias y de las reacciones que nos provocan».

La condición es *estar* en el proceso, disfrutarlo, experimentar.

Es escribir desde adentro.

Habitar el cuerpo

◇ ¿Te has preguntado cómo te sientes dentro de tu piel?

◇ ¿Eres acaso como una extranjera que se queja del mal tiempo?

◇ ¿Aprecias cada porción de quien eres?

Habitar el cuerpo significa que te sintonizas con tu ritmo cardíaco, que valoras cómo crecen las uñas de tus pies y te regocijas con la rapidez con que se forman las costras en tus heridas.

¿Aprecias a ese depósito de tu espíritu o no?

Hay una belleza escondida en las palabras que nos decimos a diario

Cuando estamos a solas con nosotras vituperamos nuestra cara, la forma de nuestro cuerpo, la debilidad o no de nuestro carácter. Nos hablamos feo, mal y groseramente.

No obstante, hay un conjunto de palabras que nos reivindican el amor propio. De esas expresiones está llena nuestra niñez, si tuvimos la fortuna de ser bien tratadas por nuestros padres y familia cercana. Quizá podrás recordarlas en boca de tu abuela amorosa o tal vez de alguna amiga en tu adolescencia.

A esas palabras debemos acudir en nuestra madurez.

A ellas les debemos un amor solícito, pues nos nutren la vida de belleza: *eres buena, eres hermosa, eres valiosa,* por nombrar solo unas pocas.

Haz una lista de aquellas frases o sentencias que construyeron quién eres hoy. Selecciona las que te han hecho amarte. Si hay otras menos amables y algo toscas, transfórmalas y cámbiales su faz.

Las palabras que te digas siempre deben hablarte de amor completo hacia ti misma.

Oh, las afirmaciones diarias

Debemos absorber las afirmaciones y habitarlas en nuestras vísceras primero.

Hacer que se mezclen en nuestro torrente sanguíneo, que formen parte del tejido esponjoso de nuestros huesos, que se sumerjan entre nuestros fluidos y que se carguen de la electricidad de nuestras neuronas.

Cada afirmación que construye nuestra mano dominante está creando esa realidad en nuestra vida. Cada sentencia en presente va haciendo que emerja la condición tangible y real de aquello que manifestamos como cierto.

Yo amo las afirmaciones y la acción que las secunda porque si no nos movemos hacia nuestros objetivos, si no hacemos algo, se desvanece el efecto poderoso de aquello que hemos afirmado con positividad y entusiasmo.

Haz las tuyas cada día y conéctate con el poder mágico de la palabra.

¿Cuánto tiempo ha pasado desde que te miraste en el espejo la última vez?

Pero viéndote de verdad, no tus fallas, tus marcas de acné, tus canas o tus arrugas. Mirarte el alma, ese espíritu que está dominado por el ego, a eso me refiero.

◇ ¿Qué sientes cuando no te estás juzgando por cómo amaneció tu pelo?

◇ ¿Qué te dices bonito?

◇ ¿Cuánto amor expresas al mirarte recién levantada de la cama?

◇ ¿Te regalas sonrisas verdaderas cuando te miras al espejo?

¿Cómo contarias la historia de tu vida?

Te invito a hacer este primer ejercicio:

Mi nombre es
y me defino como una persona
que tiene como característica más resaltante ser

Si hago una lista de mis debilidades diría que tengo tres principales, siendo estas, en orden, las siguientes:

1.

2.

3.

De mí misma puede decir alguien que soy

y de mi carácter lo mejor que tengo es que soy

Entre mis fortalezas diría que son principalmente cuatro:

1.

2.

3.

4.

La escritura es el testimonio de tu experiencia singular de vida

Es verse cara a cara con la duda y la sensación de infortunio mientras buscas una palabra perdida en tu memoria.

Es estar presente y en conciencia, soñar con las pupilas reducidas y visualizar con los pies caminos futuribles

Escribir es una práctica íntima, de fuerza interior; de mirada cerrada y profunda hacia adentro de ti.

Gracias a la escritura, tú eres tu sanadora, tu chamana, tu bruja. Tú te arreglas a ti misma, te desordenas y te compones; eres tu propia terapeuta. La fotógrafa de instantes que solo pasan en tu mente. La química que atomiza su cama con frases esotéricas para conseguir ese sueño escapista. La ingeniera que construye tabiques contra la flojera y la procrastinación que inundan algunas mañanas de lunes. La abogada que defiende tu derecho a decir *no, no quiero nunca más eso en mi vida.*

Tú lo eres todo para ti misma. Tú tienes las respuestas, solo te toca ponerte a excavar más hondo dentro de ti.

Tu magia

Un amuleto, una joya rara, un regalo con significado mágico.

Quizá tú tengas alguno de estos objetos y sientas que con él puedes tener buena vibra.

◇ ¿Y si tú fueras una enorme gema repleta de bendiciones?

◇ ¿Y si no necesitaras de algo externo para validar tu propia magia?

Siempre que hablo de escribir

Estoy desde mi mente tecleando para inspirarte a ti.

Pienso en las palabras que quiero decirte para hacerte reflexionar sobre el poder de escribir dejando de lado todas las excusas y la mayoría de los miedos. Pero se me olvida que escribir es sentir y se siente desde el cuerpo.

Pero ¿qué pasa cuando tenemos dolores físicos, sensaciones corpóreas de incomodidad, posturas rígidas que se notan en la espalda y el cuello y nos hablan de aquello que no nos animamos a escribir? De eso específico quiero hablarte hoy en este texto que escribo sobre mi mullido cojín rojo.

Primero me estiro como si quisiera llegar con mis índices al techo. Luego abro mis brazos a cada lado y hago sonar mis codos. Doy vueltas a mis dedos de cada mano como si dos castañuelas sonaran alegres. Se mueven mis muñecas, danzan mis dedos y empieza la acción de pulsar con anular, medio, índice en un bis sin aplausos espontáneos. Y me pregunto cuántas excusas existirán para no escribir porque el cuerpo ha decretado días no laborales. El manguito rotador, el codo de tenista, oh, eso no lo sé.

Me detengo y voy a Chat GPT para investigar sobre las afecciones físicas de los que escriben, es decir, de qué sufren los escritores debido a su oficio. Leo sobre molestias musculares en la espalda, cuello, hombros y brazos debido a la tensión muscular. Hay fatiga ocular y ojos secos; síndrome del túnel carpiano que causa entumecimiento, hormigueo y dolor en la mano y el brazo. Problemas de mala postura al sentarse durante largas horas (habla de escoliosis) e incluso de problemas digestivos como gastritis o el síndrome de intestino irritable. Vaya, vaya, hay muchas razones para no escribir por miedo a lo que el cuerpo pueda sufrir.

Sin embargo es desde ese archivo silencioso que guarda nuestras molestias desde donde podemos, sí, cómo no, expresarnos muy bien. ¿Qué mujer no ha padecido de un sufrimiento en su bajo vientre? ¿Qué hombre no se ha sentido como de hojalata cuando se inclina (mal) a recoger algo del piso? ¿Y se puede tener deseos de escribir con esas molestias? Yo digo que sí, con un poco de disposición para despejarse.

Imagina que ante un dolor de cabeza, no agobiante ni incapacitante por supuesto, empiezas a buscar las palabras para precisar, definir y describir eso que sientes. ¿Es un martilleo simple, un pulso espasmódico o un latido con sonido cuadrafónico?

Supongo que estarás pensando al leerme: *Ay, a mí con un dolor de cabeza no me provoca hacer algo, no quiero nada.* Y entiendo porque cada molestia tiene su unicidad. Ahora bien escribir desde las sensaciones del cuerpo nos brinda una manera extra para entender lo que nos pasa. Si nos detenemos en la sensación que se siente desde la mirada dolorosa del que sufre, pues no nos va a provocar siquiera tomar un lápiz entre dos dedos.

Por el contrario te invito más bien a ser una analista de dolores, una evaluadora de síntomas y que te enfoques en conseguir las palabras que puedan relatar la vida de un malestar durante quince minutos. ¿Cómo nació? ¿A partir de qué evento pudiste oír su queja? ¿Comenzó con timidez o hizo una entrada con parafernalia, platillos y trompetas?

Te aseguro, bueno, no tanto, más bien te auguro un ejercicio escritural de beneplácito, quiero decir, que cuando menos lo pienses estarás echando un cuento de la primera vez que te dio un dolor de cabeza, con quién estabas y cómo te lo quitaste en aquella ocasión. De allí pasarás a esa clasificación heterodoxa que hiciste entre dolorcito, migraña sorpresiva y jaqueca nefasta. Hablarás del efecto de la luz en tus ojos, la molestia de los ruidos tímidos como el celofán desenvuelto de un caramelo o el golpeteo del palito de la persiana chocando con el ventanal en una tarde ventosa, y esas menudencias incómodas terminarán en una narración interesante de leer. ¿Te atreves a hacerla?

Yo hablo de escribirse

Siempre hablo de escribirse desde las emociones que se sienten en el cuerpo.

Reconocer adónde se ocultan y el lugar desde donde gritan.

Escribirse en mirarse en un espejo que refleja palabras, frases y mensajes que nos muestran lo que hemos callado.

Sobre el papel queda la verdad que no decimos, el sentimiento que no hemos nombrado a viva voz, la sensibilidad que mantenemos contenida como vestidas bajo un corsé de buenas actitudes.

Escribe para que te liberes de los "nunca más" que te pesan.

Escribe sin juicio ni miedo en un espacio seguro de acuerdo con tus propios preceptos.

Conéctate con tu esencia y deja que brille esa mujer valiosa que eres dentro de ese cuerpo que te contiene.

Deja que hablen tus manos, que se exprese tu sexo, que te cuente algo tu espalda. Escucha a la que eres en alto, ancho y profundo.

Escríbete hoy mirándote distinto.

Escribo esto la tarde lluviosa de un martes

¿Sabías que hay personas cuyo cronotipo les influye al escribir, y si hay lluvia de fondo eso les estimula la creatividad en mayor medida?

Dijo el escritor norteamericano Steinbeck: «Uno puede encontrar tantos dolores cuando la lluvia está cayendo».

Y Verlaine, el gran poeta francés expresó: «Las lágrimas caen en mi corazón como la lluvia en la ciudad».

Yo amo la lluvia y recuerdo que de niña me encantaba salirme del paraguas de mi madre y pisar los charcos adrede y acercarme a los pozos y hundir mis zapatos y ensuciar mis medias blancas con borlas danzarinas y escuchar esa voz de mi mamá angustiada porque podía enfermarme. Por cierto amar la lluvia se le conoce como *pluviofilia*, un poco feíto el nombre para algo tan sublime, ¿no lo crees?

Para mí la lluvia es alegría. A veces un poco de melancolía, sin embargo sonrío siempre con los recuerdos que me trae ver la lluvia caer leve o con furia.

¿Qué te inspiran las tardes lluviosas a ti?

El para qué del sufrimiento, ¿te lo has preguntado?

¿Qué razón habrá para que sientas una presión en el pecho, una amargura en la garganta, un ardor en tus ojos, una desazón en tu espíritu?

Quizá las respuestas no lleguen con rapidez, como esa revelación que muchas veces pides. Pese a ello si te pones a escribir con reflexividad sobre eso quejumbroso que sientes advertirás un alivio, aunque temporal, es cierto, pero será un primer paso para intentar comprender ese para qué inexplicable que buscas responder ahora.

Ponte a escribir sobre la emoción que sientes cuando piensas en eso que te lastima y te hace llorar de tristeza. Empieza en este espacio que te dejo. Seguro se te hará poco y buscarás una hoja.

Hazlo, es el principio de la sanación emocional.

¡Cuál es el color que está en tu vida siempre?

Mira a tu alrededor y fíjate dónde está.

⬦ ¿En cuántos objetos o cosas que te pertenecen?

⬦ ¿Cuántas prendas de ropa tienes de ese color en particular?

⬦ ¿Qué representa para ti tu color favorito?

⬦ ¿Con cuáles palabras lo relacionas?

Tómate un tiempo y escribe sobre eso.

Te darás cuenta de que irás de vuelta a tu infancia, a tu adolescencia, a momentos únicos y felices en tu vida.

Afuera de ti y a tu pesar

El mundo agobia, las noticias enferman, por eso aliento al silencio y la desconexión digital como fuentes de sanación. Es necesario alejarse de vez en cuando de la invasión que hemos permitido de lo negativo de las redes sociales en nuestras vidas.

Hoy te pregunto: ¿Cuál evento local, regional, global o mundial sientes que te ha afectado emocionalmente en las últimas semanas? ¿Cómo lo has superado / bloqueado / anulado de tu vida?

Mi propuesta del día

Te propongo cinco preguntas para comenzar este momento, no importa si es de mañana, tarde o si acaso llegó la noche y abriste esta página por aparente casualidad. Helas aquí para ti:

◇ ¿Qué respuestas significativas has conseguido dentro de ti en los últimos cinco días?

◇ ¿Qué hiciste ayer para sentirte complacida contigo?

◇ ¿Qué has hecho en las tres horas previas para sentirte en paz?

◇ ¿Qué crees que debes agradecer de lo que has vivido hoy?

◇ ¿Qué planes quieres proyectar para el día de mañana?

¿Qué hora es en este momento para ti?

◇ ¿Qué mensaje tienes que entender en este instante?

◇ ¿Qué te está pasando en tu vida justo ahora?

Al escribir

Nos encontramos con una herramienta que nos dirige a lugares recónditos de nuestra memoria; restauramos palabras que nos habitan hace tiempo; renovamos las emociones y nos salvamos de olvidos ingratos.

Escribir, pero sobre todo, escribirnos es una forma de vivir. Es una herramienta que nos mantiene conectados con nuestra humanidad. Nos facilita la comunicación personal, la que hacemos con nosotros mismos, y la que ejecutamos para hacernos entender con otros.

Cuando yo te escribo a ti estoy moviéndome entre mi inteligencia, mi capacidad de expresión y mis ganas de dejarte una sensación corpórea que te haga sonreír. Yo escribo poniendo atención a todo mi cuerpo: estoy atenta a mi espalda, muevo mis dedos lejos del teclado para mantener las bisagras de mi inspiración a punto. Cuando yo te expreso que deseo que tú te escribas estoy haciéndote un ruego, una petición amable, una solicitud amorosa para que te conviertas en una persona que se mira mucho a través del papel en esas palabras, frases, oraciones y textos completos que te definen.

Yo quisiera que te escribieras, por ejemplo, en el baño, justo después de evacuar o bañarte para que explorases la satisfacción no reconocida de esos procesos íntimos que damos por sentado y que nos han dicho de que de eso no se habla. ¿Sabes cuánta gente no puede ducharse por sí misma? ¿Has averiguado cuánta gente sufre a causa de sus intestinos y su trabajo irregular?

En cada instante la escritura personal te va a ayudar a comprenderte mejor. Lo haces a tu gusto, hablándote en confianza, ya sabes, eres tú en comunión contigo porque la vinculación que tienes con tu cuerpo es única, tal cual tu ser.

Mírate en un espejo

¿A cuál de tus padres te pareces? ¿Cuál es el rasgo físico idéntico a tu madre? ¿Qué sacaste físicamente de tu papá?

¿Cómo eran tus padres en sus veintes según sus testimonios? ¿Qué presumen de sus vidas antes de inaugurarse en el rol que conoces de ellos? ¿Qué sabes del tipo de ciudadanos que fueron en su joven adultez? ¿Cuántos secretos crees que pueden estar guardándote?

Esa cara que miras al espejo tiene un porcentaje de cada uno de tus progenitores más algunos de tus ancestros. Eres única y a la vez eres parte de otros, muchos de los que te antecedieron están en cada componente de tu ADN.

Busca esas otras preguntas que te den el panorama completo de quien eres y sigue poniendo ladrillos a esa construcción de tu autoconocimiento, te hace bien.

¿Cuándo fue la última vez que bailaste contigo?

¿Recuerdas la vez más reciente cuando te diste un abrazo y pegaste el mentón a tu pecho y te sentiste contenida?

Si no lo has hecho, es el momento, hazlo. Selecciona una melodía para ese instante; piensa en una situación que te dispare el deseo de cruzar tus brazos y darte amor cálido.

Escribe sobre eso.

Toma en cuenta este ejercicio que te recomiendo hoy:

Cuando salgas a dar un paseo, no importa dónde sea, mira con atención a tu alrededor. Fíjate en las personas, sus vestimentas, sus fisonomías, sus rasgos particulares.

Frente a ti está pasando una sucesión de historias, y la gente que ves es quien las protagoniza.

Deléitate mirando como si fuera la primera vez que observas a la raza humana en toda su gama de colores, tamaños, formas de mostrarse.

Apunta en tu libretita de notas, esa que compraste para llevar en el bolso, lo que ves. Describe. Imagina la vida de esas personas que se cruzan en tu mirada de espectadora-testigo.

Ve las historias pululando y atrápalas como si fueras una cazadora de mariposas coloridas que disfruta de la diferencia entre unas de otras.

Relata, narra, cuenta. Diviértete en el proceso escritural porque escribir como acto contemplativo es un disfrute total.

Mírate

◇   ¿Cuántos lunares tienes en tu cuerpo?

◇   ¿Cuántas marquitas leves o profundas?

◇   ¿Cuántas estrías te has descubierto?

◇   ¿Cuántas arruguitas aparecen cuando sonríes?

Eso que te ves tú solamente, de eso puedes escribir hoy, sin críticas o criticándote; desde el disfrute espontáneo o desde la seria reflexión.

Mirarnos, evaluarnos, escribirnos.

¿Para qué? Para conocernos más.

Me pasa, es casi incontrolable

Escribo algo, una simpleza pero desde el corazón y si lo vocalizo, lloro. Sí, nada raro para alguien sensible. Nada extraño para alguien que ha sabido reconocer su lado tristón.

Hace varios años, y gracias al psicoanálisis, confronté mi lado más emocional: mi ser sensible, sensible en la sexta acepción del sustantivo. Me había pasado la vida escondiendo mis aflicciones. Había aprendido a ser fuerte, dura; la grosera, la distante, la contenida.

Todavía (lo confieso) me cuesta medio minuto dejarme arrastrar por la tristeza, por la melancolía. Algunas amigas dicen que son los años, el exilio, el desarraigo, ese conjunto de ser un poco pendejo (en su segunda acepción del adjetivo), y después sonrío pensando: ¡soy apenas una muchacha soñadora!

¿Cómo te has visto tú ahora que tienes más edad? ¿Cómo te sientes con la mujer que vienes siendo en este presente que vives? ¿De qué manera conversas contigo hoy?

Este libro solo pretende eso, que seas tu interlocutora fiel, que constantemente estés validando lo que sientes, el porqué de esas emociones y así vayas reforzando ese amor por ti misma día a día.

El propósito de tu vida debe ser amarte

El objetivo principal que debes tener es pararte firme y alegre porque eres toda una posibilidad andante.

El fin último de tu existencia debe ser alcanzar la felicidad a tu precio, a tu ritmo, bajo tus condiciones.

No se diga nada más.

Eso me lo digo cada día porque me lo merezco y porque me amo. Ojalá te guste tanto que lo repliques y lo hagas tuyo (aunque darme el crédito nunca estará de más, ja, ja, ja).

¿De dónde salen las ideas para ponerse a escribir?

De tu cabeza, por supuesto. Pero mejor aún es que sepas que las ideas se desperezan de tu sintonía con el entorno. Estar presente, perceptiva y atenta a lo que te despierta un lugar, la hora y la etapa que estás viviendo. Y eso, la verdad, está a tu disposición todo el tiempo.

Creo que ya está instalada en nuestras mentes esa aplicación que nos permite conectar con la naturaleza, tener la sensibilidad presta a sentir y a reconocer lo sentido con emotividad.

Las ideas siempre van a aparecer mientras más alerta estés a lo que tus sentidos perciben, surgirán cuando decidas disfrutar de las pequeñas muestras de la grandeza de tu alrededor natural y cuando estés en completa atención plena al momento presente que estés experimentando.

Para escribir hay que escuchar con todo el cuerpo

Presta la debida atención a lo que te pasa cuando ves un atardecer y dices que es conmovedor, por ejemplo.

¿Qué parte de tu cuerpo *vibra* con la belleza que estás mirando?

Estás comiendo uno de tus platos favoritos. Prestas atención a los sabores que explotan en tu boca y te preguntas: *¿A qué lugar me lleva y con cuál melodía la vinculo?*

Vas por una calle y te tropiezas con un pequeño objeto que te hace desequilibrar, pero no te caes. ¿Cuál sería el *soundtrack* de ese momento?

Imagina. Reflexiona. Escribe.

Decide hacer algo distinto para ti:

Compra flores. Planifica hacerte una comida distinta. Cocínate un plato especial o pídelo a ese restaurante que te gusta.

Busca lo mejor que tengas en tu guardarropa, *closet* o armario. Eso que estás esperando usar en una ocasión especial. Sácalo y póntelo.

Píntate los labios. Busca los zapatos a juego o por contraste, como prefieras.

Pon la mesa como si fueras a recibir una visita importante. Abre el vino y escáncialo en una copa bonita. Si no bebes licor, selecciona tu bebida favorita y sírvetela en la mejor copa que tengas, o cómprate una finalmente.

Haz de esa comida un evento especial para ti.

Pon música para crear un ambiente grato. Enciende unas velas o un incienso y disfruta los aromas, los sabores, las melodías, las texturas.

Haz de ese momento un gozo sensorial pleno.

Tómate una foto, guárdala e imprímela como prueba de que puedes ser feliz contigo primero.

Anota ese día, la hora y las ideas bonitas que te acompañaron durante la velada de disfrute de ti-contigo.

Empezamos a armar nuestras historias en la niñez

Cada experiencia vivida será el estrato, la capa que va a formar la vida adulta.

◇ ¿Cuándo se construyeron nuestros sueños, deseos y creencias?

◇ ¿A partir de cuál vivencia se integraron los miedos y las inseguridades?

Hoy te invito a buscar en tus recuerdos dos piezas importantes:

◇ Ese cuento inolvidable, el primero que hayas leído o que te leyeron.

◇ Esa experiencia de tu niñez que marcó un momento en tu vida hasta hoy.

Y con ellas en mente, en la frescura de la rememoración, ponte a escribir. Lo que surja, lo que emerja, lo que salga de modo espontáneo sin detenerte a leer mientras escribes. Después léete, reflexiona en la posible vinculación o no entre el cuento y tu evocación poderosa.

Hazlo, escribir hace bien, y eso ya lo has leído antes (porque es verdad).

Siempre hay una razón para ponerse a escribir

Solo que a veces no se sabe por dónde comenzar. Seguro eso te pasa a ti, tienes dudas, miedo, inseguridad.

Yo sé que tienes demasiados recuerdos, excesivos sentimientos impresos en imágenes y varios mensajes guardados con voces que no están para que les des un abrazo a esos cuerpos que las contenían.

Hoy toma estas ideas y ponte a escribir:

- ◇ Ve a tu memoria, selecciona una anécdota que te mueva una emoción específica y escribe todo lo que recuerdes de esa situación: las personas, el lugar, la hora del día, por ejemplo.

- ◇ Busca una foto y contempla quiénes están allí inmortalizados, a qué sabía esa comida; qué temperatura había en ese lugar; por qué estaban vestidos de esa manera.

- ◇ Escucha ese audio final que guardas con amor y escribe lo que quisiste haberle dicho después a esa persona especial.

Y si estás con ansiedad, con esos nervios como en una montaña rusa, escribe aún más, sobre lo que te pasa en este momento. Empieza sencillamente diciéndote en el papel: *Hoy me siento...* y déjate fluir libre, emocional, con autenticidad y sin preocuparte por redacción, ortografía o letra fea.

Escribir transforma. Hazlo.

Hay días cuando una desazón me invade

Estoy como sin ganas de nada y pienso en la razón para ese sentir incómodo y no doy con un diagnóstico certero. Siento una vacuidad, una grieta que parece manar un dolor estancado y yo solo reconozco esa dejadez. Entonces, justo ahí, en ese momento sin sabor ni color me pongo a escribir. Hoy me pasa, me está pasando y por eso sale esto con olor a encierro.

Escribo porque tengo que sostenerme a mí misma, auparme cual deber patrio. Alzo mi bandera que dice anímate en letras sans-serif, limpias y modernas, y pienso en lo que debería compartir con alguien a quien le pasara lo mismo que a mí.

En mi caso soy alguien que escribe porque le gusta, cree que sabe hacerlo y además, no pretende hacer otra cosa con su vida. Tal vez tú tendrás una profesión, un oficio, un quehacer que requiere de ti habilidades más fuertes, de esas que llaman "duras" y escribir es parte de tus actividades usuales, pero no es de vital importancia.

A poca gente parece importarle lo suficiente todo el acto de ponerse a escribir. No hay parafernalia, rito o proceso mágico. Tienen una asignación del jefe, hay un correo, un mensajito por el icono verde, responden con palabras automáticas, predeterminadas y listo, misión cumplida, se escribió lo que tocaba. Yo soy un poquito más complicada, pero esto va es de si quieres entender la sinrazón de escribirse.

Te cuento más. Hace una semana releí un testimonio de una mujer que, como tú y yo, tomaron el lápiz en un instante incierto y descubrí en sus palabras una verdad que me apabulló. Me dijo: "Escribir fue mi forma de volver a mí después de haberme olvidado tanto tiempo". Y pensé en el número de veces que he necesitado decirme algo y no lo he hecho porque había otra cosa más importante. Mi madre diría que en casa de herrero cuchillo de palo.

Por eso hoy quiero invitarte a que no postergues esas ganas que saltan espontáneas de ponerse a escribir, ese ímpetu de conversar contigo porque es necesario.

Fíjate que yo siento que a veces es como si una fuerza interna nos remeciera para que le prestemos atención. Y surge una sensación en el pecho o en la garganta o en el estómago que aparece en segundos y, por una razón inexplicable, te dan ganas de sacar dentro de ti una materia sin viscosidad ni pestilencia, en seco, sobre el papel y en extenso, párrafos y párrafos de un decirme a mí cómo estoy de verdad por dentro de mis emociones.

Hoy me siento mal porque... así a veces se empieza. *Son las 6 de la mañana y siento que quiero llorar pero no consigo un motivo consciente para este deseo...*, de esta manera también puede comenzar ese primer párrafo de una escritura íntima que no se sacia en tres líneas.

Cuando toca escribirse hay que hacerlo para hablarnos de tú a tú con esa persona que solamente domina el bolígrafo. Porque no hay control, solo un deseo vívido de dejar fluir un dolor viejo, una pena antigua, un recuerdo encostrado. ¿Te ha pasado a ti? A mí me pasa, hoy me está pasando y este texto es una primera aproximación a lo que me toca ver(me) en estas horas que restan del día.

¿Hay una parte de ti que lleva demasiado tiempo esperando por ser escuchada?

Se escribe desde adentro

No hay forma de hacerlo desconectada de quién eres. Has crecido, has madurado, pero siempre te vas a escribir como esa niña que aprendió a tomar sus palabras al descuido o con primoroso cuidado de redacción y ortografía obligatorias.

Escribirse con el corazón en el puño opuesto a la mano que traza ideas y explica deseos.

¿Qué tendrías que decirte hoy que todavía no lo has hecho a estas horas, cariño?

AIRE

"El lenguaje es una piel: yo froto mi lenguaje
contra el otro. Es como si tuviera palabras
en lugar de dedos, o dedos al extremo
de mis palabras". Roland Barthes.

Pensar también es escribir. Y escribir
bien es pensar con belleza.
Usar la mente como el viento, a veces
brisa, a veces torbellino.
¿Y el lenguaje?, será el mapa que
usarás para moverte
nombrando lo que no has dicho.
Quitarle el yugo al silencio que a veces te gobierna.
Exprésate.
Escribe una frase honesta,
esa revolucionaria que no toma
nada de opiniones prestadas.

La palabra inspiración

Ha sido muy manoseada por los discursos motivacionales y los *influencers*—gurúes. Pero en su origen **inspirare,** soplar hacia adentro, era algo proveniente de fuera, era una irrupción atribuida a las musas, esos entes caprichosos que solo descendían si el poeta / aedo se mantenía en posición de escucha solemne, y si no bajaban, pues mala suerte ese día, hermana.

Hoy muchos aspirantes a escritor/a esperan que llegue esa visita gloriosa para comenzar a escribir, como si la escritura fuese un estado de gracia, no una práctica con rigor y método. El problema es que esa espera suele encubrir algo más profundo: el miedo a no estar a la altura del propio deseo de escribir, es decir, desinflarse en la mera pretensión de ser escritores/as.

Ya W. Somerset Maugham lo dijo de forma categórica: "Escribo solo cuando la inspiración me llega. Afortunadamente, me visita cada mañana a las nueve en punto, cuando me siento a trabajar". La inspiración es una consecuencia de la disciplina, y quien escribe con seriedad y propósito claro lo saben, aunque no lo digan en voz alta. Se sientan cada día sin aplausos ni fuegos artificiales ni miradita aprobatoria del meme con actores hollywoodenses.

Si buscamos más posturas claves para entender este punto, conseguimos a Roland Barthes en *El grado cero de la escritura* donde expuso que todo acto de escritura es una decisión ideológica, estética y formal, nunca un dictado inmaculado de las alturas, o sea, no cae como maná a los hambrientos y solitarios trabajadores de las palabras.

Si buscamos decir algo medianamente bueno debemos combinar con delicadeza la intencionalidad consciente y la intuición entrenada, porque como decía Borges, "el arte no es un acto mágico, sino un ejercicio de inteligencia". Así que hay que fajarse en el teclado y decir y decir y desdecirse tantas veces como sea posible.

Muchos de los textos que de verdad conmueven no nacen de un rapto inspirador, sino de un compromiso con la palabra. La inspiración, si aparece, es un subproducto del oficio, porque tanto hacemos cada día que hay un momento cuando se ve el destello. Tal cual la afinación de un instrumento al inicio de la práctica diaria. Habrá una noche cuando el sonido sea tan sublime, tan bien ejecutado que la piel del ejecutante se llenará de miles de poritos sonrientes y sabrá que lo logró. Ese sonido no será casual, sino fruto del compromiso, de la digitación sin parar, de las exhalaciones a punto de rendirse.

Cuando se escribe habrá muchas páginas descartadas, lecturas esclarecedoras que nos aportarán nuevas ideas y comenzaremos de nuevo, otra vez. Abusaremos del uso de la tecla de *delete o backspace*; resaltaremos en amarillo lo que creemos que sirve y habrá días cuando no salga nada, de nada, nadita.

Por eso hoy te invito a reflexionar sobre cuánta inspiración crees que hubo en la realización de ese libro preferido de tu escritor amado. [Insertar sonido de grillitos si no eres lectora].

Después vuelve a tus textos escritos y céntrate en pensar: ¿hay aquí una necesidad real de escribir algo con profundidad? ¿Quiero que se evidencie trabajo, lecturas, insistencia en el decir con propiedad? ¿Me rindo al oficio riguroso o espero mejor la venida del Mesías Escritural? ¿Sigo, paro o me pongo a bailar merengue?

Insiste, por favor. Tu intención de decir será más fuerte y la inspiración la verás dentro de ti con la etiqueta de *autocompromiso*.

Yo, por si acaso mantengo asentaderas en silla y dedos prestos para escribir (y borrar, reacomodar, reestructurar y así). Lo demás, eso etéreo y sublime, si viene, que venga pero que sepa que no estoy sentada esperándolo con un Matcha. #sorrynotsorry

Estamos construidas de palabras

Aquellas de tu madre con sus expresiones peculiares, las propias de su tiempo, de su generación. ¿Te conectas con ellas? ¿Qué sientes cuando escuchas una palabra típica de tu país? ¿Cuánto te identificas con las palabras que te circundan?

Respóndete aquí mismo:

Que nada bloquee tu energía

Recuerda que cada uno tiene un lugar, un momento y una oportunidad para dar lo mejor de sí.

Tú tienes ti propio manual de instrucciones. Sé responsable de tu vida; haz cambios positivos para ti misma, sobre todo; cura tu mente de la negatividad y al estrés mantenlo a raya

Dibuja, calcula, analiza. Programa, proyecta, planifica, ejecuta.

Mantente vivaz, mantente activa.

Pon tus ideas en buen suelo, riégalas de energía positiva y cosecha tus buenos proyectos.

Comprométete con tu bienestar y que nada ni nadie bloquee tu energía.

Antes de colorear este mandala, cierra los ojos, haz tres respiraciones y después comienza a rellenar cada espacio sintiendo tranquilidad adentro de ti. Regálate unos minutos de paz colorida.

Algo parecido a un poema

Me suelto.
Me libero.
Me apiado de la que fui.
Aquella que siempre veía hacia el lado incorrecto.
Yo, la que era infeliz por tantas cosas,
decido mirarme.
Hago un ovillo de mí misma
y toco mi frente con mis rodillas
para apreciar con mis ojos cerrados
lo que estoy sintiendo ahora.
Suspiro apenas y escucho el silencio
a mi alrededor.
Yo estoy silente, aquietada y pacífica.
Estoy conmigo
solo escuchando mi respiración acompasada.
Abrazo mis piernas y me enternezco conmigo.
Me doy amor en pensamientos buenos.
Mi mente pasea por la extensión de quien soy,
recorro mi cuerpo arriba y abajo;
sintonizo con la energía y el calor de mi cuerpo.
Soy una y me amo.
Me basto a mí misma en este instante.
Es presente perfecto. Soy consciente de mí.
Me abandono al afuera.
Estoy conmigo y todo está bien. ✳

Lo que dice James Clear

En su magnífico libro *Hábitos atómicos:* «Naturalmente nos sentimos atraídos hacia los comportamientos que nos permiten ganar respeto, aprobación, admiración y estatus». Yo digo ¿y cuánto nos dejamos llevar por lo que otros deciden sobre nuestra vida? ¿Cuánta importancia le damos a los demás a costa de sentirnos respetadas, aprobadas, admiradas y con un estatus elevado? ¿Ser fiel a sí misma o comportarse como se supone debería ser de acuerdo con los parámetros de otras personas?

¿Cómo es tu comportamiento habitual? ¿Te riges mucho por lo que opinen los demás?

Todo viene desde dentro de ti

Esas ideas maravillosas, esos pensamientos funestos. Todo surge de tu mente inconsciente. Todo resulta a veces como lo planea tu subconsciente. Vive hoy, consciente y atenta a lo que te pasa, a lo que sientes.

Reconoce que tienes un poder magnético para tener en tu vida lo que deseas. A eso algunos le llaman *merecimiento.* Por eso imagina algo positivo, bueno y amoroso llegando a tu vida. Hazlo con toda la emoción fuerte que puedes convocar desde tu pecho, con toda tu alma.

Escribirse es el objetivo por seguir para consolidar el autoconocimiento, ese amor por quien eres, por como eres.

Proyecta en tu mente lo que quieres vivir y escríbelo con tu letra más bonita, en el cuaderno más bello y con la lentitud de la que está transcribiendo su destino.

Quiérelo. Deséalo. Déjalo fluir por tu mente en calma primero. Selecciona una melodía que te invite a reconfortarte en tu paz interior y luego escríbelo.

Esas cosas que pasan

Seguro te ha pasado que en una reunión familiar o entre amigos alguien habla de un recuerdo común, una experiencia plural que tú recuerdas diferente. Allí se abren las grietas de tu memoria y los espacios en blanco parecen crecer.

Lo mejor es preguntar para constatar cuán diferente es la percepción de la vida de una mente a otra.

Te propongo que luego en la intimidad visites las gavetas de tu mente y comiences a reordenar las situaciones de acuerdo con las voces de los demás. Allí te darás cuenta de cuán encerrados estamos en la manera de vivir y cuán limitados a veces somos de las circunstancias y su orden de aparición.

Después escribe sobre una remembranza que surja poderosa y piensa en los demás que estaban contigo en ese momento.

¿Por qué digo que escribir transforma?

◇ Porque descubres dentro de ti respuestas inesperadas.

◇ Porque cambia tu manera de ver el mundo y a su gente.

◇ Porque conectas más profundamente con otras personas.

◇ Porque dejas a un lado viejas incertidumbres y creencias obsoletas que te venían trabando tu camino de autorreconocimiento.

Si decides escribir cada día para ti, para afirmarte en tu valor propio, para planificar la vida que te mereces disfrutar y para sentir que sí valen todos los esfuerzos, allí te darás cuentas de que tu vida la habrás transformado por completo.

Mantente atenta a la vida

Despierta de ese encantamiento digital que te muestra falsedades, filtra la verdad y enmascara la profundidad del ser humano.

Vuélvete a tu realidad en presencia. Disfruta lo que hagas en cada minuto. Goza de las experiencias que vivas una a una y de la gente que te mira a la cara de verdad y te ve a los ojos.

Ese café, esa melodía, ese abrazo que puedas dar y recibir, saboréalos con gusto supremo.

Presencia constante, vida presente, de eso se trata vivir con plenitud, y en eso creo.

No es mi intención

Puede sonarte que escribo solo en imperativo, pero velo mejor como el consejo de una señora mayor que siente que tiene algo para compartirte desde sus canas y arrugas incipientes. Te digo hoy, por ejemplo:

Busca evolucionar en tu intelecto, tu espiritualidad, tu conciencia, tu léxico.

Déjate atravesar por el proceso de vida que estés viviendo. Si hay conflictos, encáralos; si hay bienestar, agradécelo.

Despéinate de ideas rígidas y abre tu mente a otras formas de ver.

Bota la maleta que contiene tus miedos guardados por fechas, tamaños y circunstancias. Verifica bien los que tienen fecha de expiración. Mira que hay miedos que deberías haber botado hace mucho tiempo atrás.

Reivindica la seguridad en ti misma.

Haz una declaración de principios que versen sobre tu amor propio.

Liquida de una vez por todas esas vocecitas del pasado que te hablan de tu aspecto físico.

Grábate cada elogio que recibes, sobre todo esos que son espontáneos y se dan con una sonrisa desde los ojos brillantes.

Date un abrazo y susúrrate palabras bonitas.

Lo que ves, lo que te produce un olor, lo que escribes como resultado

Estamos rodeados de hechos, circunstancias y eventos que nos pueden alborotar las ideas. Escribir es dejarse despeinar por la imaginación.

Presta atención a lo que pasa más allá de tu presencia. Escucha como si hubieses recuperado la audición. Observa con regocijo tal cual descubridor novato. Palpa como los ciegos, olfatea como perfumista.

Siente y escribe. Escribe y ve sintiendo lo que te producen las palabras sobre el papel. Fíjate en tu letra y enamórate de este proceso de mirarte a partir de cada frase trazada sobre la hoja.

No esperes una crisis para escribirte. Hazlo tanto como puedas, cada mañana al iniciarse el día o cada noche antes de dormirte.

Escribe para dejar asentada tu vida página a página.

Escribe para que te sientas muy viva.

Lo que tenemos de nuestros padres

La relación con nuestros padres nos condiciona. De ellos tenemos las creencias, las pautas de vida, los complejos e incluso lo que la genética tiene reservado para nosotras.

Mira a tus padres y mírate a ti. ¿Qué tienes de cada uno? De tu personalidad, que es tuya y es única, ¿qué elementos crees que se parecen a los de tu madre o tu padre?

¿Te has dado cuenta de cómo es tu relación con ellos juntos o por separado? ¿Tienes algo por perdonarles? ¿Existe algún evento del pasado que sigue allí para recriminarles?

Sobre tus padres hay mucha tarea pendiente por hacer. Intenta entender sus razones, conversa aunque te cueste, haz las preguntas incómodas. Ellos son los responsables de la niña que fuiste. Ya creciste y ahora tú te haces cargo de ti, pero todo lo que puedas indagar y escribir sobre tus padres, tus primeros años de vida y la visión de cada uno respecto a ti es muy importante para la construcción (o el reforzamiento) de tu autovaloración.

El instante de escritura

Es ese que vives mientras estás escribiendo. El presente es solo la contención de ti, tu mano tomando un bolígrafo y el papel recibiendo tus ideas.

Todo sucede en esa porción de tiempo, en ese espacio donde te diluyes entre tus pensamientos escritos. Nanosegundos, minutos alargados que se convierten en horas. Allí estás atajando esa pulsión que te lleva a decir por escrito lo que quieres o lo que te pasa por la mente y tú solamente escribes como si fuera un dictado, como si leyeras los textos que pasan en un *teleprompter* ubicado en la corteza prefrontal de tu cerebro.

Escribes. Fluyes. Te olvidas del tiempo. Eres libre.

¿Si lo sabes, cierto?

¿Ya te has dado cuenta de que mi propósito es que escribas a cada rato, en cualquier ocasión y cómo sea posible, verdad? Escribir hace bien es una frase que está en todo el libro porque es parte de mi vocabulario.

Piensas y escribes. Porque piensas, quieres escribir. Interpretas, reflexionas, sientes el impulso de escribir. Escribir es desarrollar el pensamiento.

Cuando te escribes despliegas una relación contigo donde no hay mentiras. No puedes engañarte a ti misma. Al hacerlo afloran cosas que desconocías de ti misma, es tu inconsciente que decide hablar un poquito más alto del susurro usual como se comunica contigo.

¿Estás pasando por una crisis en este momento?

Escribe sobre lo que sucede, lo que piensas al respecto; el malestar que te causa en el cuerpo; la incomodidad que sientes en el ánimo.

Si hoy pudieras hacer cualquier cosa, ¿qué harías?

Toma nota de esas ideas, podrían ayudarte mañana.

¿Cuál es tu libro favorito?

◇ ¿Qué mensaje te dejó como huella imborrable?

◇ ¿Qué lecciones te aportó para tu vida?

Vulnerable

Vulnerable no es una mala palabra.

Tener vulnerabilidad no es una minusvalía.

Reconocer nuestras emociones y fluir con ellas es un imperativo para sanar aquello que nos sigue doliendo.

Si te sientes vulnerable, escríbete.

Blanco y más blanco

Si alguna vez te has quedado mirando la hoja como si fuera una blanca cavidad profunda e interminable, te entiendo.

La observas allí, es solo una página de tu procesador de palabras, pero está a la expectativa y parece reclamarte la razón de tu parálisis mental. ¿Vas a seguir pensando en que no sabes cómo empezar? Esa telepatía te asusta. La hoja en blanco es una bestia que te interpela y te acusa de inactividad. Reconoce tu inseguridad y tras cada minuto que pasa sin sentir nada sobre ella, sabe que estás perdiendo el combate entre tu miedo y las ganas agolpándose por decir. Como si tuvieras algo atragantado en la garganta y solo una inundación emocional pudiera soltarlo. ¿Acaso necesitas un aluvión de lágrimas?, incrimina, otra vez. No es alguna de tus dudas, es la página que te mira mientras la miras tú y se mete en tu mente acusándote.

Esa hoja parece inocente a la vista de otros, pero tú sabes que puede volverse el espejo más cruel. Te enfrenta a la falta de ideas extraordinarias, maravillosas y sublimes, de acuerdo con lo que opina la porción envidiosa de tu ser. Te muestra una vulnerabilidad que tu lado más orgulloso prefiere mantener bajo una máscara. Todas esas voces están adentro de ti y están en complot con la hoja inerte que es nadie sin tus palabras escritas, y ella no soporta la vaciedad a la que la sometes.

Lo cierto es que la hoja más que un monstruo pálido es solamente una sábana dispuesta para ti. No muerde, no se burla de ti, no te condena. Lo que quiere es que la uses, te apropies de su extensión ilimitada y rías en ella; te confieses y te perdones; te descubras y te liberes. Esa página con ese cursor titilante es un llamado que dice sigue, sigue, di más.

Te pide que escribas una línea. Una sola aunque sea una pregunta, una imagen suelta, una frase que parezca incompleta. Entre la hoja blanca y tú hay una fuerza indeterminada que sabe que esa línea primera que escribas es un puente que te dirige adentro de ti hacia tu porción más iluminada. Es una ruta de sentires con parajes oscuros y extensas praderas de felicidad. Es la distancia más corta para acercarte a tu voz interior, a esa niña tierna que fuiste, a esa tú repleta de amor (olvidado en apariencia).

Hoy dale de comer a esa hoja ansiosa por contenido que la nutra. Para que escribas todo lo que quieres a pesar del abuso de la tecla de "delete", de la mala decisión de No guardar antes de cerrar el procesador, del miedo a manchar la hoja con tus palabras sin sentido, según tú.

Escribe y que no te importe si te suena torpe o más o menos bien. Atiende al presente y escribe sin rapidez haciendo de la lentitud tu mejor meditación del día.

Escríbete porque al hacerlo descansas en la placidez de esa hoja blanca que sonríe con su blanca dentadura.

Ya lo dijo Gaston Bachelard: La página en blanco nos da derecho a soñar. ✳

Mi madre siempre dice que todo llega a su tiempo

Lo que yo te digo es que, además, llega a ti cuando estás lista para saborear eso anhelado con vehemencia.

Solo por hoy imagina tu vida con todos los elementos que te hagan feliz. Ve a ese lugar, escucha los sonidos que te circundan, visualízate con la persona que quieras haciendo la actividad que más alegría te dé.

Recrea en tu mente cómo fluyen los días, las palabras que te dices, las que escuchas que te dicen otros. Ve a circunstancias que te llenen de entusiasmo, imagínate riendo a carcajadas por una situación afortunada.

Sueña, sueña mucho y haz lo que corresponda para que eso se convierta en tu realidad más concreta, más real posible.

Haz una lista de lo que harías si ya estuvieras viviendo tu sueño anhelado.

¿Qué estaría listado de primero? Piensa un momento y déjalo por escrito.

Estás presente, eso dices

Te sientes consciente de lo que haces, y haces muchas cosas.

Otro centenar no haces porque se te dan muy bien las excusas.

Los regaños de tu madre se te olvidaron hace mucho. Los consejos de otros son simple intromisión. Tus propios autorreclamos no los tomas en cuenta y finges demencia para tu propio bien, el del ego, sobre todo y por supuesto.

Llega el fin del mes y aunque parece solo una hoja más que se rompe y se bota, quedan vibrando en la rotura todos esos días que dejaste pasar, sin cumplirte, sin escucharte, sin valorarte como deberías.

El tiempo, eso tan efímero, leve y prescindible para muchos, para ti es una cuenta regresiva que hay que aprovechar en cada segundo escapista. Cosas de la edad, supongo.

Darse cuenta.

Estar presente.

Vivir con un propósito.

Eso simplemente te dejo hoy para pensar.

Cada suspiro que exhalas llega a su destino

Sí, eso que sueñas, lo que deseas con el corazón tibio de fe está llegando a las manos amorosas de ese poder que te supera, que te sobrepasa en tu comprensión humana.

Tengas la creencia religiosa que sea, creas en un dios, en divinidades, santos o en una fuerza cósmica, respira profundo y exhala la melodía de tus deseos cumplidos.

Solamente mantén esa frecuencia de ánimo, de confianza y de satisfacción porque estás siendo abrazada con amor y de ese amor solo recibes alegría y gratitud infinitas.

Cree y escribe tus peticiones. Léelas como si oraras y confía con fuerza.

Hecho está tu deseo, solo espera un poquito más.

Como una entrada de mi diario

Hay días frente a la pantalla de mi computadora cuando me cuestiono sobre mi futuro y los sueños que quiero que se cumplan. A veces me entristezco, o me decepciono un poquito o me frustro un montón.

En esos momentos me detengo, cierro los ojos y me pongo la mano derecha sobre mi corazón y la izquierda sobre mi ombligo. Respiro, una vez, dos veces, tres veces.

Abro los ojos y me veo en mi habitación: la comodidad de mi espacio, la ventana grande que me muestra el bosque hermoseado que tengo al frente. Escucho los trinos dispares y continuos de las avecillas que se reposan en las ramas. Miro al cielo, miro a mi alrededor. Allí me doy cuenta de que estoy muy viva, saludable y rodeada de razones para ser feliz.

Hoy que lees esto quisiera dejarte impresa esa energía de optimismo, de seguridad en ti misma; de certeza y credulidad sobre el valor que tienes en la vida de muchos.

Eres valiosa. Eres maravillosa. Eres capaz.

Para un momento y solo aprecia la vida que tienes. Agradece todo porque hay muchas mujeres que no disfrutan de lo que tú sí puedes.

Reconócete como una ganadora. Apréciate, hónrate y ámate hoy un poquito más que ayer.

Atreverse

Hoy tienes la oportunidad de probar algo distinto, muy diferente a lo usual. ¿Qué sería? ¿Qué te provocaría probar, descubrir, intentar? ¿Cuán abierta estás a lo nuevo?

Hay

Hay una playa esperando tus huellas, una taza anhelando tus labios; un cuaderno deseando tus palabras.

El propósito de tu vida

Es conocerte, amarte, creer en ti y ser tú misma todo el tiempo, en todas partes y al lado de cualquiera que te acompañe.

Pero recuerda te perteneces a ti primero y te debes tu amor más grande. De esta manera elije bien con quién pasas tu vida y a quién le confías tu corazón.

Conoce en profundidad a esa persona a quien le abres tu alma. Tu sensibilidad es tu tesoro más bonito.

La visualización

Dijo el poeta y novelista Carl Sandburg que "nada sucede a menos que primero sea un sueño". Porque todo surge de una mente abierta. Cada idea que podamos llevar a la realidad manifiesta es un éxito. Cada situación que podamos visualizar ya resuelta es un logro.

¿Qué quisieras visualizar en este momento?

Se dice rápido y se ve fácil

¿Crees que es fácil dejarse inundar de buenas ideas y comenzar a ponerlas en acción?

Yo te digo que sí es posible, al ritmo que se pueda, a juego con las circunstancias que aparezcan, pero haciendo los pasos en una situación de primero, segundo, tercero y así. Dándole prioridad a aquello que tiene mayor peso para nosotros en ese momento cuando reflexionamos sobre lo que queremos de nuestra existencia.

De repente: "Oh, se me ocurrió una idea", dijo una vocecita en tu interior. Entonces le presta atención, tomas papel y algo para escribir y la llevas a lo concreto de palabras que fluyen unas tras otras. En el papel vas escribiéndolas y empiezas a darle cuerpo, a conceptualizarla con precisión. Escribes, te lees, tachas, reescribes y haces futurible eso que se despertó dentro de ti como un destello.

¿No es bonito eso? Todo en este bello planeta ha comenzado con una sencilla, rápida y certera idea: este libro, una plataforma social, una escultura, una melodía comenzaron como una cosquillita en tu oreja. Escúchate. ¿Estás abierta a despertar nuevas ideas dentro de ti?

¿Qué dirían sobre ti?

Si a alguien conocido se le pidiera que describiera tu manera de ser, ¿qué crees que diría de ti?

¿Qué diría tu madre o tu padre? ¿Qué expresaría tu mejor amiga? ¿Qué crees que pudiera decir tu compañera de trabajo más cercana?

La opinión de otros nos importa, nos neguemos o no a aceptarlo.

¿Te atreves a hacer este ejercicio de suposiciones o certezas?

¡Cómo te llevas con ese personaje que has creado para las redes sociales?

¿Cuánta *extimidad* despliegas?

[*Extimidad* es la exposición pública de experiencias o pensamientos que habitualmente se consideran privados].

La sensibilidad para mejorar tu escritura es sencilla de obtener

Abres tu corazón, desechas a tu crítica interna y te dispones a activar tus cinco sentidos.

Ejercitas tu sensibilidad prestando atención a tu alrededor: lo que miras, escuchas, hueles, saboreas, percibes más allá de tu ego dictador.

Lee esto y después sube tu mirada. Aléjala de este texto y observa lo que tienes al frente.

Luego vuelve y responde:

⬧   ¿Qué ves?

⬧   ¿Qué te dice eso que miras fuera de estas palabras?

⬧   ¿Qué está sucediendo en tu vida real y tangible?

⬧   ¿Podrías acercarte a lo que te produce ese objeto, animal o persona que está presente en este instante mientras estás leyendo esto y permanece allí, cerca de donde estás?

El complejo de Jonás

¿Conocías algo sobre el complejo de Jonás? Es ese miedo a la propia grandeza y mantiene a millones de personas como tú sumergidas en sus temores, incapaces de salir al mundo para mostrar su ingenio, ese talento único que le fue regalado al nacer.

A mí me ha pasado... Tuve una etapa donde me veía pequeñita y sin lustre, pero queriendo ser una estrella. Después de mucho tiempo me di cuenta de quién era en realidad, y sobre todo, de quién quería ser de verdad. Por eso hoy te invito a que responsas a esta pregunta única y justo para ti:

¿Qué don o talento único tienes que nadie (o muy poca gente) conoce de ti?

Nuestro kit de emergencia emocional

La rumiación y los niveles de ansiedad que podemos sufrir cada día pueden ser espeluznantes. Allí es necesario que saquemos nuestro kit de emergencia emocional y empecemos a autorregular nuestros pensamientos catastróficos para modificarlos por unos más sensatos, más cordiales, más reales.

La imaginación hace su trabajo muy bien, las creencias instaladas durante nuestros primeros años de vida también hacen su parte para propiciar una crisis. Por ello, ante la inminencia de un ataque de nervios, respirar primero, después decirles a los pensamientos oscuros que se muestran como *pop-ups* que no los necesitas en ese instante.

Convoca a la objetividad y a la realidad circundante para que se pongan al frente de tu mente desbocada. Y si quieres caer en las garras de la imaginación desbordada que sea en una hoja relatando una historia interesante de leer.

Tu buen árbol genealógico

Si has tenido buenos bisabuelos, abuelos y padres, es decir, si cuentas con una genética de bondad, es probable que aparezcan circunstancias en tu vida donde veas la otra cara, esa feísima de la maldad, e insistas en teñirla de mansedumbre. Cada situación que se te presente puedes revertirla, ese es uno de los superpoderes que aún no conoces en ti. Allí en esa habilidad de transformar una vivencia no tan grata en un aprendizaje poderoso estará la felicidad brillando junto a tu voluntad de estar bien y de hacer el bien siempre.

Esa gente que es buena y hace el bien a toda costa y en cualquier condición es la necesaria en el mundo del mañana. ¿Eres parte hoy de ese grupo de gente buena?

Vivir en congruencia

Pensaba hace unos días que para vivir en paz dentro de ese oasis que construimos fuera de la realidad que nos circunda con sus angustias, conflictos sociales, incertidumbres económicas y vaivenes políticos, mejor sería ocultarse y alejarse de ese desierto de mentiras que nos impactan a diario.

Efecto congruencia, le dicen. Dicho en palabras simples, significa que cuando lo que se dice, cómo se dice y el contexto en que se dice están alineados, el mensaje es más creíble o fácil de procesar. Esa alineación genera confianza, fluidez y una sensación de "esto tiene sentido". A veces la vida no contribuye a que nos sintamos alineados. Por eso te pregunto ahora: ¿Qué es congruente[2] en tu vida hoy?

---

2   Coherente, lógico, sensato, racional, acorde, conforme, consecuente, pertinente, natural, preciso.

Estar en silencio

Eso me toca hacer muchas veces.

Cuando las cosas no resultan como esperaba y empiezo a pensar sin parar como alienada de un pensamiento a otro, me retraigo.

Allí me doy cuenta de que mi raciocinio puede perturbarme y solo respiro con calma. Me dejo llevar por una cadencia, el sonido de un instrumento o por el silencio que me acompaña en la habitación donde esté.

Aquietarse y acallarse pueden ser dos actividades retadoras para una mente que debe justificar todo. Sin embargo, me rindo.

No siempre logro estar más de quince minutos, la verdad. Tal vez no me he dispuesto a ir más allá, he allí mi tarea pendiente, no obstante, insisto en aislarme y meditar a mi manera: trotando, caminando o escribiendo.

A veces las situaciones nos desequilibran y debemos encaminarnos a la senda del silencio interior, intentar bajar el volumen y atenuar la autocrítica. Reconocer la emoción y trabajar en ella.

Yo insisto y sigo buscándome entre el ruido de mi mente veloz, pero lo único que consigo es volver al cuaderno y escribir una página más. De meditar por mayor tiempo, ya veremos.

¿Qué quieres saber de ti misma?

¿Qué falta por preguntarte?

Hay tantas interrogantes, cada día nacen nuevas, así como la mala hierba.

Cuando crees que no queda nada por conocer, de repente sucede algo y allí saltan como ranitas recién nacidas otras cuestiones que irán croando muy fuerte hasta que las atiendas.

¡Si no estuvieses ahora en el mundo, quién te extrañaría?

◇ ¿A quién le harías falta?

◇ ¿Quién -de seguro- suspiraría profundo y largo por ti cada uno de sus días restantes de vida?

◇ ¿Quién por ti pondría las manos al fuego?

◇ ¿Quién sería capaz de defenderte en una guerra?

◇ ¿A quién añorarías tú si no estuvieras mañana?

◇ ¿Por quién agotarías tus reservas de alegría, le darías el último bocado ante un cataclismo o le donarías tu corazón?

El amor es poliédrico, tiene varias caras y todas son imprescindibles.

Hoy escríbele a esa o a esas personas. Ocúpate de mostrar tus sentimientos antes de que sea muy tarde.

Mis emociones densas

Hoy es uno de esos días cuando veo a *la decepción* parada en la entrada de mi cuarto. Está allí con sus ojos tristes y me dice que quiere entrar. Aquí ya me acompañan *la frustración* y la *incertidumbre*, le respondo. No hay espacio, le digo amable, pero las otras se mueven y ella, la decepción, rápido consigue su lugar.

Heme aquí compartiendo mi cama con tres acompañantes que se arropan cómodas junto a mí.

Hoy es uno de esos días donde amarme es un verbo que debo conjugar en plural, a ver si mis compañeras apenadas transmutan su energía y me dejan libre.

Haz una lista de cinco recuerdos significativos en tu vida

Escoge uno.

◇ Cierra los ojos y ve al momento que está guardado en tu memoria.

◇ Respira con conciencia al menos tres veces.

◇ Abre los ojos y comienza a escribir todo lo que haya llegado a tu mente.

Sé muy específica. Llena de detalles eso que cuentas. Las fragancias y aromas que estaban en ese momento. La situación que se vivía. Las personas que te acompañaban. El lugar donde estabas.

Precisa en la página cada detalle al mínimo. Habla de texturas, melodías y sabores.

Revisita ese recuerdo y exponlo sobre la hoja de la manera más expuesta para que no haya duda de que viviste esa circunstancia.

Luego que hayas vaciado todo, que te hayas desprendido del recuerdo, reléete y constata las frases que usaste, las palabras que suenan distinto en tu boca cuando las lees a viva voz. Lee como si estuvieras tomándote tu bebida favorita, con calma, paladeando cada oración que reverbera dentro de ti.

Date cuenta de los textos que creaste; del ritmo y la cadencia de cada frase fluyendo una tras otra.

Reflexiona después sobre el tipo de escritura que te está poniendo a salvo de ti misma.

Palabras más, palabras menos

Eso sucede cuando escribimos y nos leen. Ponemos palabras de más o tenemos palabras de menos. El lenguaje nos vincula con otros y la comunicación nos acerca o nos aleja.

Conectamos con otros cuando hablamos desde la verdad mostrándonos auténticos. Ponemos distancia cuando no hay amabilidad en las palabras que escuchamos, cuando nos mostramos prepotentes o cuando ironizamos o somos sarcásticos y afectamos a otros.

Siempre es grato toparse con gente que hace uso afortunado de la expresión: es comprensible, es genuina, es sensible y esperanzadora; se muestra optimista, es asertiva, propicia encuentros y acuerdos. También resulta interesante dar con gente que anda en la acera contraria, que va a contravía; que es oposicionista, en extremo realista e incluso que puede rayar en el pesimismo. Esa buena gente nos ayuda a detectar lo que debemos corregir en nosotros mismos, aquello que no debemos alentar cuando tenemos días grises, en fin, le debemos agradecer el reflejo momentáneo en el espejo que nos permite reaccionar y avanzar hacia otro rumbo aleccionador.

Por consiguiente, poner en nuestras comunicaciones -de manera frecuente- palabras más +: afirmativas, prudentes, cordiales, respetuosas, y dejar solo palabras menos—para los silencios.

Pon palabras que sumen...

Evita lo malsonante, lo grosero.

Haz que tus palabras brillen.

Y como dijo el gran Séneca: «Sea esta la regla de nuestra vida: decir lo que sentimos, sentir lo que decimos. En fin, que la palabra vaya de acuerdo con los hechos». ✳

Para escribir

Para escribir no hay poción, gragea o tónico capilar que llegue al cerebro y active ese proceso complejo.

Para escribir no hay influencia externa, inspiración divina ni susurro de una musa locuaz.

Para escribir hay una sola condición: gana (deseo, apetito, voluntad de algo).

Para escribir hay dos únicas señalizaciones: una que dice sigue adelante y otra de retorno a las palabras escritas.

El poder de la escritura está en ti, solo si así lo crees.

¡Estás extenuada de no intentarlo?

Así es, extenuada de no hacer algo. Cansada de decirte que sí, que esta vez sí lo harás, que no vas a dejar pasar un año más.

A veces te sientes harta de ti misma por culpa de esa parte tuya que es experta en excusas, demorar y falta de planificación.

Podrías decir que de intentos está lleno tu camino. Aunque eso podrías cambiarlo. Cambiarlo y para siempre.

Claro, requiere que te preguntes a ti misma primero:

¿Qué es lo que quiere mi alma, qué me grita con regularidad y yo insisto en desatender su llamado?

Un cambio en tu manera de ser y de actuar contigo misma implica reconocerte a través de las palabras que te dices, incluyendo las que te escribes en poquísimas ocasiones.

No necesitas decir que lo vas a hacer, solo hazlo, en silencio y confiando en ti todo el tiempo.

La magia cuando te escribes sucede con lentitud

Si ante la preocupación y el estrés nos detenemos y escribimos sobre cómo nos sentimos, la carga pareciera disminuir.

Escribir sobre nuestras emociones es un ejercicio para comprender cuán inteligente emocionalmente estamos siendo o no.

Frente a una libreta o en una simple hoja de papel decidimos escribirnos:

1. Para sentir que controlamos nuestra vida aunque la verdad sea que nada controlamos en verdad.

2. Para saber que nos regulamos las actitudes y reacciones de otros.

3. Para descubrir que fluyen las palabras y nos aliviamos, de alguna manera inexplicada.

La satisfacción, la complacencia y el disfrute de nuestro propio ser debería estar de primero siempre. Y no como un acto de supremo egoísmo, sino por amor propio.

Escribir lo que estamos sintiendo, sobre aquello que nos ocupa todos los pensamientos 24/7, de eso hay que escribir para exorcizar lo que nos hace daño mantener adentro de nuestro ser.

Escribir para nosotras. Tan solo escribirnos, escribirte en una confesión de sentires de ti con tu voz interior, tu niña olvidada.

Llámalo catarsis, ponle el nombre que quieras. Se trata de que te escribas con el único propósito de reconocerte en las palabras que expresas, atender las emociones que te ahogan, propiciar que la paz interna se mantenga contigo por bastante tiempo.

Si te acostumbras a escribirte te darás cuenta de que estarás mejor viéndote con claridad, autenticidad y suprema sinceridad en cada frase escrita.

"Amor Vincit Omnia"
o el amor lo vence todo

¿Qué piensas de esta aseveración? Toma este espacio para tu reflexión escrita sobre los obstáculos que el amor ha superado en tu vida.

Colorea este mandala con los colores
que te aparezcan en tu mente.

Hoy te digo: haz la gestión de tus pequeñeces día a día

No acumules resentimientos ni envidias. Deshazte de esos sentires que te absorben tu lado más luminoso. Olvídate de esa mirada que pensaste que alguien te dio con odio. Deja a un lado ese correo que creíste que estaba hecho con enojo.

Hoy piensa distinto y date un tiempo para no juzgar, para evitar la premeditación o la crítica.

Ábrete a lo que sí nutre tu vida: las relaciones que te hacen sentir ganadora; las acciones que te llevan a sentirte mejor. Las ocupaciones que te hacen brillar los ojos de manera espontánea.

Disfruta de lo pequeño: observa la elevación del humito del incienso; aprecia el sabor del primer sorbo de tu bebida favorita; sonríe por el vuelo zigzagueante de un colibrí. Vuelve la vista a un camino de hormigas imaginándote que cada una se saluda con alegría.

Vuelve, por un tiempo, a ser aquella que se distraía viendo las nubes y sus personificaciones hermosas. Recobra ese pasar tranquilo saboreando un helado, solo eso, tu lengua yendo y viniendo sobre esa pelota fría en tu barquilla. Canta con tus amigas una canción pegajosa. Llama a tu abuela.

Nuestro propósito de vida debería ser amar

Nos enfocamos en buscar el amor de alguien para formar una pareja. Amamos a mascotas y a amigos. Nos amamos a nosotras mismas.

Si bien el amor es el sentimiento universal, es el que menos ofrecemos a cualquier ser humano. Dudamos, desconfiamos, nos protegemos antes de mostrar afecto.

Es arriesgado amar, eso también lo sabemos. Podemos ser engañadas y nos pueden mentir. Somos capaces también de hacerlo a otros: ocultar, traicionar y hacer sufrir. Quizá hoy podríamos, tú y yo, cada una desde su espacio, demostrar un poco de amor a alguien desconocido. Ser empática y solidaria, por ejemplo, eso es una demostración de amor.

Podríamos, asimismo, escribirle una nota afectuosa a alguien y dejársela en su parabrisas. Algo como *eres especial porque tienes este vehículo, y puedes conducirte hacia la ruta que te lleve a una vida mejor, esa que te mereces vivir.*

¿Te atreverías a hacerlo?

Yo celebro a las mujeres

Yo celebro a las mujeres que deciden no ser madres, que no creen en el matrimonio, que aman a otras mujeres, que se gozan la vida como quieren y con quien les dé la gana.

Celebro a las que luchan por sus sueños, sus carreras profesionales o sus vidas sentimentales.

Celebro a las que creen en sí mismas, a las que se derrotan por inseguras y, acto seguido, se levantan por corajudas.

Celebro a las madres solteras, las divorciadas, las que no creen en la iglesia, las que son apolíticas y las que militan en partidos de cualquier corriente ideológica.

Celebro a las mujeres que manejan armas en defensa propia y en defensa de otros. Las que curan a enemigos y reportan desde campos minados; las que en silencio rompen muros y construyen ventanas.

Celebro a las madres abnegadas que deciden sortear sus frustraciones, a las que construyen los mejores hombres del futuro, a las que fortalecen a sus hijas desde el valor propio y el respeto al otro.

Eso sí, excluyo de mi celebración a las que gustan de la misandria[3], las que se visten de víctimas sin serlo y usan la mentira para inculpar a inocentes. Las que se mantienen

---

3   Aversión a los varones.

ignorantes y gozan de ser iletradas. Las que dicen que necesitan un hombre que las represente porque sin uno no son nada. Las que aceptan caminar tres pasos atrás del marido porque es lo correcto. Las que usan la maternidad como una penalización para el hombre y al hijo como un objeto de canje emocional. Aunque incluso a todas estas les doy el beneficio de la duda y la oportunidad de construirse como mujeres hurgando en su poder personal en mayúsculas.

Esta es mi manera de celebrar a la mujer de la que vengo en línea directa y a las demás que han sido parte de mi linaje.

¿Crees en Dios o en una fuerza espiritual superior a ti?

Si responde de manera afirmativa sabrás que escribir cuando se duda, se siente miedo o se tiene aprehensión por algo, es hablarle a esa energía que sientes que te sostiene, te entiende y te ayuda.

En ocasiones solo necesitamos invocar a nuestra creencia y tener la intención de recibir respuestas que nazcan de esa indeterminada sustancia inmaterial que se muestra cuando escribes. Pides una guía y empiezas a dejarte llevar por un impulso que no frenas ni comprendes ni pretendes desoír. Solo vas como en una acción automatizada canalizando frases que se convierten en largos párrafos que te indican la mejor manera de calmarte, sosegar la angustia o rendirte ante el proceso que estás viviendo.

Respirar calma, escribir sin frenos y sentir que va llegando lo que necesitas saber.

Te lees, vas a lo que escribiste en ese rapto mágico y comprendes que todo puede estar bien si lo piensas menos, si confías más.

Intimar contigo

Llevarte bien con esa persona que decide escribirse sin escuchar a su crítica interna.

Escribir para entenderse.

Ser tú y tu mano andando entre líneas o llenando el vacío blanco.

Escribir para sintonizarte con tu espíritu mientras las emociones pasan por ti y dejan su rastro en la hoja.

¿Qué quisieras decirte en este día y ante estos espacios en blanco?

¿Por qué eres especial?

Esa es la pregunta primera que se me ocurrió en esta página aunque justo detrás estaba otra alzándose en sus puntas de pies y me susurraba *¿qué te diferencia del resto?*

De repente llegó otra corriendo por el corredor y dijo a viva voz: *¡¿cuál es el porqué de tu vida?!*

Esas son las tres chiquillas preguntonas que buscan tu atención hoy.

Te dejo espacio para que les respondas.

Decir y desdecirse

He leído textos míos de hace años atrás y me he desdicho ahora. He visto a una crítica y a una sensiblera. He analizado a una irrestricta amante de las buenas formas, el estilo cuidado y a una deslenguada que opinaba porque creía tener la razón desde su postura de sabia, mayor de cincuenta. Una suprema tontería en cada caso.

Ni la rigidez ni el ser blandengue, se trata de la justa medida de expresarse cuidando ser honesta con las palabras sin maltratar la sensibilidad de alguien.

Volver a lo escrito en el pasado puede ponernos de frente a una persona que en nuestro hoy no reconocemos. A veces no lo queremos hacer. Sin embargo es necesario evaluarse, más aún cuando nos hemos expresado de forma pública y están allí nuestras palabras danzando desvergonzadas en algunos casos.

No se trata de arrepentirnos de lo escrito. Es vernos sin lentes color caramelo asumiendo que todo pasado fue bueno y dulce, incluyendo esas frases que deberíamos rescatar de la infamia de nuestro ego involucionado. Mirarse desde el estadio elevado desde donde estamos ahora, allí donde somos más empáticas, más solidarias, más conscientes de las emociones ajenas, es a partir de ese escaño desde donde deberíamos hacernos un amable *mea culpa* y resarcir algunas sandeces de años de inmadurez e ignorancia.

¿Sabes qué es fundamental en la vida?

Conectar emocionalmente con los demás.

¿Te has dado cuenta de que hay personas con las que te sientes cómoda en su presencia? Esa gente que te parece auténtica, confiable, positiva y con la cual sientes una sintonía peculiar, tanto que podrías estar compartiendo un buen rato.

¿Acaso eres tú esa persona para los demás?

Es gratificante apreciar a la persona que tienes al frente y escucharle con genuino interés.

Mirarle a los ojos y sonreírle con frecuencia. Hablar cuando sea necesario, y aportarle algo de valor. Compartir de verdad dándole un momento de tu tiempo en atención plena.

Aquí tomo las palabras del psicoterapeuta Ramón Riera que dice: «Yo siento que tú sientes lo que yo siento».

Escribir es una práctica solitaria donde usas tus ojos para mirarte adentro

A veces te criticas despiadadamente. En ocasiones solo fluye tu conciencia. Hay momentos cuando afinas el oído para el rumor de tu voz interior llamándote a empezar en una hoja diferente.

La escritura manuscrita libera las gargantas atrampadas de llanto. Permite forjar ideas que insistentes martillean la destrucción de obsoletas creencias. Santifica tus deseos, perdona tus indecisiones y justifica la necesidad de releerte.

Es crítica mordaz, es concienciación; es ser parte de los ilusos que pretenden crear cambios sin disparos, sin mítines sin alguna ONG que mande una cartita firmada en serie.

Es pensar en la vida que llevan otros, es revisar las tragedias allende tus mares y tomar posición entre renglones que ves crecer.

Al escribir a mano siembras ideas en un papel que más tarde germinará en documento o poemario o descripción de un *post* o relato abreviado, incluso puede ser plan definitivo del epitafio que leerás a carcajadas mientras ves llorar a alguien que nunca te dijo que te amaba.

Si estás triste, si quieres hacer una reflexión intensa, si quieres afincarte en tu ideología o si pretendes emancipar tus emociones en control, escribe.

Las ideas nacen de mi sintonia con el entorno

Estar presente, perceptiva y atenta a lo que me despierta el lugar, la hora y el contexto que estoy viviendo.

Y eso, la verdad, está a la disposición de todos y de cada uno de nosotros.

Creo que ya está instalada en nuestras mentes esa aplicación que nos permite conectar con la naturaleza, tener la sensibilidad presta a sentir y reconocer lo sentido con emotividad.

Mira un árbol cercano durante un día ventoso. Aprecia cómo ese viento leve parece jugar con algunas ramas "a que no me encuentras". Párate justo debajo de sus largos brazos y observa las tonalidades de las hojas que hablan de estaciones que parecen girar una y otra y todas las estaciones en los hemisferios. Goza de la luz brillante que todo lo abarca y esos pedacitos de cielo despejado que puedes observar entre las ramas.

Las ideas siempre estarán contigo mientras más alertas estén tus sentidos para disfrutar de las pequeñas muestras de la grandeza de tu alrededor cuando estás en atención plena.

¡Cuánto miedo hay detrás de tu silencio?

Hay silencios que protegen y silencios que pesan. A lo largo de los encuentros que comparto en sesiones personalizadas, talleres o cursos he notado algo que se repite: muchas personas creen que no escriben por falta de tiempo, de ideas, de técnica. Pero cuando cavamos un poquito más adentro de las emociones ocultas lo que aparece es el miedo.

Miedo a ser juzgados, a ser vistos; a no estar a la altura; a parecer demasiado emocionales, demasiado aburridos, demasiado simples o demasiado intensos. ¡Uf!

Por eso hoy quiero dejarte algunas preguntas. No para responderlas a la carrera, sino para que las escribas con calma, como quien se asoma a un espejo con luz suave para apreciar los detalles.

¿Qué historia te estás contando cuando no escribes? Tal vez digas: "No es el momento", "no tengo suficiente experiencia", "a nadie le va a importar esto". Pero si te detienes un poco más, ¿cuál es el relato que realmente se activa en ti cuando evitas escribir? Puede que descubras que no es la página en blanco lo que te detiene, sino lo que crees que la gente pensará de ti si llenas esa página porque te revelarás y eso activa una alerta de tu vulnerabilidad del tipo: "no quiero que eso se sepa de mí".

Te digo: Escribe esa historia, sin juzgarte. Solo para que tú la veas con claridad.

¿Qué versión de ti teme ser vista cuando escribes? No le tenemos miedo a las palabras, le tememos a la exposición emocional. A mostrar esa parte que está en proceso, que aún no sabe, que todavía no está resuelta. ¿Qué parte de ti se esconde cuando te sientas a escribir? ¿La entusiasta? ¿La orgullosa? ¿La rebelde? Preguntártelo puede abrir un canal más auténtico, más libre porque cuando entiendes lo que temes, empiezas a escribir con más ternura hacia ti misma, hacia ti mismo. La autocompasión nace en esos instantes donde pareces un cervatillo perdido en el bosque. ↓

Te aseguro que no es necesario tenerlo todo claro para escribir ni tampoco estar libre de miedo. De hecho escribir sin miedo no significa que no deseas sentirlo, es no dejar que mande en ti y entender cuál es la letra pequeña de ese contrato de (supuesto) poder que le gusta sacar a relucir.

Si hoy tienes unos minutos, te invito a explorar esas interrogantes en tu libreta usual, en tu diario (o *journal*) o en un cuaderno nuevo para la inspiración que te llega de lo que lees o ves por aquí y por allá.

Recuerda escribe para ti, sin expectativas, solo para escucharte de verdad. No limites el campo de tus aspiraciones escriturales, no renuncies a hacerte ilusiones ni escuches a tu conciencia escrupulosa. ✳

Escribir a mi me resulta poderoso

Me llena de buena energía y por eso te lo recomiendo en todo momento. Antes de entrar a una reunión, mientras esperas para ser atendida por tu médico, antes de la mentoría a tu cliente, durante los minutos u horas previos a un encuentro pautado, escribe lo que estás sintiendo y expresa las ganas que tienes de que todo resulte beneficioso para ambas partes.

Puede ser un párrafo, tal vez apenas un esbozo de buena vibra que elevas con las palabras motivadoras que te dices y que dejas estampadas en el papel con tu grafía única y peculiar.

Lo que te aseguro es que vas creando una situación de tal optimismo, entusiasmo y ganas que cuando estás frente a la persona todo fluye bonito.

Ya habrás *decretado* —si te gusta esa palabra— que el resultado de esa sesión será bueno. Por supuesto no basta con que escribas, hay que ponerle esa chispa energética apropiada, certera y eficaz para que haya concordia entre tú y tu interlocutor/a.

Y nunca olvidar sellar lo escribiste con una sonrisa, sonreír siempre para que esos deseos tuyos sean comprobables.

Si confías en ti, si estás preparada/o, si tienes con qué, escríbelo, escríbete antes de reunirte con alguien.

¿Crees que esto podría funcionarte a ti?

Pasos para sanarte mientras te escribes

Concéntrate
Dedícate un tiempo aparte, unos minutos que te pongan en atención plena al instante que estés viviendo.

Aquieta tu mente
Respira con lentitud. Deja los problemas afuera por unos minutos, también el estrés y lo que te perturba a diario.

Deja volar tu imaginación
Si oyes música, si lees una noticia, si ves un video, toma esos elementos como inspiración y escribe lo que te provoque.

Enfócate
Selecciona una idea que te pase por la mente y crea algo, no importa la forma sino el fonde de lo que quieres expresar.

Mira con atención
Toma un objeto común, corriente y descríbelo con precisión. Observa cada mínimo detalle y reconoce lo que sientes, lo que te provoca escribir al mirarlo.

Practica narrar

Narra cada día algo que hayas visto; lo que te haya sucedido a ti o a otra persona. Cuenta lo que te produjo eso que escuchaste, que leíste, que te dijeron.

[Desconozco por lo que estás pasando en tu vida... Lo que sí sé es que escribir tiene un poder transformador: se te aclaran las ideas, se despejan las dudas y te tranquilizas un poco].

Compromiso 24/7

Creo que el principal problema de las mujeres es la falta de compromiso consigo mismas. Eso ahoya el optimismo, es decir, lo llena de huecos donde el ímpetu no colma y las frustraciones se ponen más pesadas.

Ten compromiso contigo, con tus sueños, con todo aquello que quieres ver en tu vida.

¡Vamos, que te mereces el éxito!

Esas promesas incumplidas, esas resoluciones inexistentes

¿Qué fue lo que te prometiste el último día del año pasado? ¿Lo recuerdas?

¿Llegaste a apuntarlo para que no se te olvidara? ¿Qué era exactamente lo primero de la lista?, porque hiciste una, ¿o no?

A ver...

¿Eres de diario, agenda y cuadernos de anotaciones? ¿O quizá eres más del tipo "voy viviendo como vaya sucediendo y escribir no se me da?

Son preguntas para que te las hagas. Son interrogantes que sugiero internalices, te las digas y busques responderte con la mayor verdad que puedas darte.

Confróntate con esa versión tuya que no se esmera, esa que vive despreocupada, esa que va lento porque no quiere despeinar a su procrastinación confiable.

Mírate adentro y constata si eres feliz con tus decisiones; si tienes responsabilidad en tus acciones, sobre todo las que suponen tu autorrealización. ¿Eres responsable de buscar tu felicidad a pesar de ti misma? ¿Qué crees?

Identifica al malo de tu pelicula

¿Y ahora qué?, te preguntarás tal vez.

Perdona.

Cambia.

Transforma el dolor.

Escribe otra historia.

Un breve pensamiento positivo

Dijo Buda: «*Tu tarea es descubrir tu mundo y entregarte a él con todo tu corazón*».

Es encontrarte a ti misma en una travesía con altibajos.

En ocasiones miras en retrospectiva y suspiras por un tiempo pasado. En ese suspiro oyes tu respiración y te das cuenta de que estás en un momento distinto, que es el presente, el aquí, y parpadeas. Ahora es cuando sucede la vida.

Te dejas llevar por las ideas que te preocupan, te desequilibran, te molestan, te duelen.

¿Qué logras con esa insistencia machacando tu ánimo?, pues yo te respondo: solo estás magnificando la sensación de incertidumbre.

Es necesario volver a una y hacer la tarea de preguntarse qué nos hace feliz, qué vale el esfuerzo para buscar eso que nos satisface en profundidad.

Tal vez eres como una avecilla que se encuentra sola, apenas sostenida en una rama delgada, expuesta a los peligros, sin embargo, estás allí haciendo todo lo posible para sentirte plena de vida.

Sostente en la rama o vuela a otro lugar seguro. Solo tú tienes la habilidad para cambiar de situación.

Un mensaje inspirador

He leído esta idea muchas veces, en muchos libros, en varios videos:

Quiero, puedo y lo hago realidad

Si haces una lista de todo eso que quieres con fuerza, si decides que puedes obtenerlo y tienes la certeza de que es así, podría hacerse realidad todo lo escrito.

Si lo dices en voz alta podrías creértelo.

Si lo repites a diario podrías convencerte de ello.

¿Qué crees que pasaría si lo escribes?

La ruta de la vida

Para algunos la vida se traduce en un movimiento de líneas rectilíneas, todo sigue un camino sin desvíos, sin rupturas, como quien siempre dice que está bien cuando se le pregunta cómo está.

Me gusta pensar en la palabra *bisectriz*, recta que divide un ángulo en dos partes iguales, por lo tanto puede seguirse en una línea de tiempo, de malos humores, de una mala vida, de un desconcierto y fatiga constantes o puede seguirse otra ruta que nos lleva directo al bienestar, a la tranquilidad, a los sueños por ver cumplidos, a la sencilla felicidad.

La cantidad de líneas que podamos romper, alterar o desviar va a significar que habremos vivido con tal intensidad que bien ha valido el recorrido vital.

«Las palabras es lo único que tenemos»

Esto lo dijo Samuel Beckett, y lo siento una verdad absoluta.

Con ellas y a través de ellas nos confrontamos con nosotras mismas. Nos vemos en la certeza de quien somos puertas adentro del alma. Por eso creo en la escritura manuscrita como el acto de hacer catarsis, a la manera de Aristóteles, para liberarse de pasiones, fuerzas desenfrenadas, emociones intensas. Escribir lo que se siente, revisar lo sentido en un pasado reciente o cuestionar el resultado de aquello que sucedió dentro mientras se escribía como un acto de reevaluación de las propias palabras asentadas en la libreta o en el cuaderno.

Escribir a mano sirve para reconectarte a diario con el poder de tus palabras, va más allá de una acción automática y sin pensar. Pero ¿qué sucede cuando escribimos a mano desde la invocación de una emoción?

Sucede que logramos una mayor conexión con nuestros sentimientos, siendo capaces de reconocerlos y gestionarlos de mejor forma. Eso se lo debemos a las regiones emocionales del cerebro presentes en el sistema límbico, (descubierto por el médico y científico francés Paul Broca en el año 1878) y conformado por el tálamo, el hipotálamo, la amígdala cerebral y el hipocampo. En este sistema sucede todo lo relativo al aprendizaje, la memoria y las respuestas emocionales. De esta manera cuando escribimos a mano es nuestro ser con sus emociones el que se manifiesta.

Cuando plasmamos en papel esa forma peculiar y única de ver el mundo que tenemos cada uno, lo hacemos en su expresión más certera: lo que este mundo nos hace sentir y cómo reaccionamos ante él.

Hacer escritura creativa manuscrita, escritura terapéutica, escritura emocional o cualquier otro término asociado a volcar en papel lo que tenemos dentro, nos ayuda a expresarnos mejor, a sentirnos más sintonizadas con quienes somos en realidad. Incluso podemos obtener beneficios físicos como mejora de nuestra coordinación y destreza motriz fina, mejora en la interacción del tacto y el movimiento de la mano dominante. Asimismo, logramos ventajas asociadas a lo psicológico, como una mejor manera de procesar situaciones conflictivas, menos síntomas de ansiedad, de estrés y disminución de ciertos cuadros depresivos. Es magnífica, por ejemplo, para combatir el deterioro cognitivo porque puede retrasar la aparición de la demencia senil o el Alzhéimer.

La escritura manuscrita contribuye a mantener nuestro cerebro activo y nuestras destrezas motoras en dinamismo. Cuando tomamos un lápiz, un bolígrafo de punta fina o esa lapicera preferida que se desliza con suavidad sobre el papel estamos sintonizándonos con nuestro cuerpo. Hacemos conciencia de cómo tomamos nuestro instrumento de expresión. Nos percatamos del tipo de letra que nos sale, a veces muy clara, redondita en sus formas, estilizada y bella. Aunque en otros momentos al releernos, sobre todo, nos damos cuenta del trazo firme, de la marca violenta sobre la hoja, de las palabras enrevesadas, grotescas en sus formas, raptadas en su movimiento frágil.

Claro está no basta con escribir y ya. Importa qué hacemos luego con todo lo que hemos expresado en el papel. El primer acto es escribir y el siguiente es rescatar lo que debo aprender de estas palabras mías, conmigo. Por eso siempre le doy mucha importancia al acto poderoso de releerse.

Escríbete y reléete, siempre, siempre, siempre.

Esa persona que se escribió

¿Te has puesto a pensar qué curioso lo que te sucede dentro de ti cuando lees algo que escribiste hace muchísimos años?

Pareciera, en ocasiones, que fuesen las ideas de otra persona, sobre todo cuando tienes olvidado eso que cuentan las palabras que lees. Es como si halláramos un pedazo irreconocible de nosotras mismas.

A veces siento que escribir es como tendernos una trampa: dejamos el rastro emocional de un momento y circunstancia para que nuestro yo del futuro descubra, recuerde o se sorprenda de esa persona que éramos.

¿Te ha pasado?

8 de marzo

Esa fecha, el 8 de marzo, es cuando muchas mujeres se expresan. Algunas celebran el día, otras lo usan para protestar.

Yo pregunto, sea que esto lo leas cercano a esa fecha o no:

◇   ¿Dónde está esa figura femenina dominante en la historia de tu vida?

◇   ¿Qué influencias positivas y negativas te dejó para la mujer que eres hoy?

◇   ¿Cuánto honras tus ovarios, útero y mamas?

¿Y si hoy solo escribes tu propia oración de agradecimiento con la vida y por ella?

Estar en la curva del camino de la vida

Y escribir lo que has vivido hasta ahora.

Cuando superamos los 50 años pensamos que hemos recorrido tanto... Es a partir de esta edad cuando, generalmente, empiezan las ganas de contarnos otra historia. Es como si quisiéramos ganarle al tiempo, a la demencia senil, a los miedos del futuro.

Por ello escribir lo que vivimos resulta en una especie de constatación que hubo un sentido, un por qué, un propósito vital.

Y entonces muchas mujeres se cuestionan si debieran escribir sus afirmaciones, si es tiempo para llevar un diario que a muchas les parece de adolescentes, si es necesario esto o lo otro.

La apreciación por tu vida comienza cada mañana cuando te despiertas y te das cuenta de que sigues aquí

Sales de la cama y agradeces que tengas vida para levantarte y sostenerte en este mundo.

Aprecias ese cuerpo cuando te duchas y te haces cargo de su energía desde lo que ingieres por tu boca y a partir de lo que consumes hacia tu mente.

Vives más allá del acto automático de respirar y sabes que hay una razón por la cual estás en este planeta. Te preguntas con constancia amorosa cómo estás sintiéndote tras esa reunión, ese conflicto o esa circunstancia que llega para que te detengas y te preguntes cómo te sientes en una reiterada búsqueda de bienestar de ti contigo.

Y entre medio de todos esos instantes está la posibilidad de que te escribas. No digo certeza, he dicho *posibilidad,* tu facultad para hacer o no hacer algo.

Desde mi amor te digo: escríbete primero. Háblate y pon la punta de tus dedos lo que deseas expresarte. Sé tu interlocutora más preciada y exponte en el papel. Después léete y abrázate. Lo que leíste, eso sientes, eso eres.

Escribir es un proceso dinámico y complejo. Escribirte es un acto potenciador de tu fuerza vital.

Descubre **El Poder de la Escritura para Transformarte** en esa que amas ser, la que reconoce para qué vino a esta tierra y la que se detiene para interrogarse para qué está viviendo hoy.

Te mando la energía de un abrazo real.

Gracias por leerme.

Si este libro te acompañó

Me alegro profundamente. Y si deseas profundizar en tu escritura personal, en el proceso de autodescubrimiento o en la creación de tu propio libro, estaré feliz de caminar contigo ese tramo.

Trabajo como mentora en escritura transformadora y acompaño procesos creativos con alma, sin fórmulas ni juicios. Puedes escribirme directamente a mi correo electrónico: *florangel.quintana@gmail.com* o también puedes encontrarme en Instagram bajo mi usuario *@florangel.quintana* y si quieres leerme cada semana me encontrarás en la plataforma Substack desde mi espacio: **Escribir sin miedo.**

Gracias otra vez y ojalá pueda leerte pronto.

Que estés muy bien,

Florángel

Otras publicaciones

Florángel Quintana

Historias
para
apropiarse

Este libro está conformado por microrrelatos, relatos y cuentos para entretener tus días.

Son historias cotidianas que reflejan una manera de mirar el mundo y las relaciones desde el amor, el sexo, la amistad; la traición, el dolor, la culpa; los recuerdos.

Ha sido hecho para gente que ama leer cuentos que invitan a descubrir más sobre el sabor de la vida, por ello puedes tomar cada relato y apropiarte del sentir de los personajes y entender que quizás tú también pudieras reaccionar de una manera similar. Todo se trata de disfrutar el dulzor, la acidez, el amargor o el umami que dejan las historias humanas.

Un libro dirigido a emprendedores, autónomos, freelancers y profesionales en libre ejercicio.

Sirve como una ayuda para escribir con un propósito: persuadir a alguien a que compre sus productos o servicios.

Contiene recomendaciones y consejos para escribir bien, con corrección y sobre todo, con el foco puesto en establecer una conexión emocional con el cliente (consumidor, usuario) tanto conocido como con el posible prospecto. Solo si nos ocupamos de hacer un mensaje pensado en atención plena, con corrección, precisión y persuasión podemos conectarnos con otras personas e inspirarlas a tomar una acción a nuestro favor.

No lo olvides: dilo bien, hazlo memorable.

El ritual para escribir tu primer libro de no ficción: la rutina clave para crearlo es un libro que nace con la intención de iluminar ese panorama de dudas y sombras tan propio de un libro primerizo de no ficción. Es una herramienta poderosa para ti que quieres contar tu camino de vida y profesión; para ti que deseas compartir las anécdotas y experiencias del origen de una idea de negocio; para ti que quieres contar el punto de inflexión que te llevó a iniciar un camino de transformación; para ti que quieres divulgar un método o metodología que ha cambiado tu vida personal, familiar, laboral o espiritual.

En este libro sentirás que su autora te habla, con su autenticidad y estilo único, para que puedas motivarte, para que te cumplas: tu libro es una realidad, solo si así lo decides.

www.ingramcontent.com/pod-product-compliance
Lightning Source LLC
Chambersburg PA
CBHW071712120626
46550CB00001B/203